Katja Reider

Der Tag, an dem das Khushi kam

Mit Illustrationen von Dominik Rupp

Hase und Igel®

Für Lehrkräfte gibt es zu diesem Buch
ausführliches Begleitmaterial beim Hase und Igel Verlag.

Informationen zur Autorin Katja Reider
gibt es unter www.katjareider.de.

Dieses Buch erschien erstmals 2015 im Rowohlt Verlag, Reinbek bei Hamburg.
Für die vorliegende Ausgabe wurde es neu illustriert
und gemeinsam mit der Autorin überarbeitet.

© 2021 Hase und Igel Verlag GmbH, München
www.hase-und-igel.de
Lektorat: Anna Schultes
Satz: Appel Grafik München GmbH
Druck: Grafisches Centrum Cuno GmbH & Co. KG

ISBN 978-3-86316-134-7
2. Auflage 2023

Katja Reider
Der Tag, an dem das Khushi kam

Inhalt

1. Von Peinlichkeiten
   und schwierigen Fragen   7

2. Kein Streuselkuchen
   für Tante Manisha?   13

3. Eine alarmierende Ankündigung   21

4. Ein Geschenk aus Indien   27

5. Familiengeschichten   37

6. Wer wird Klassensprecher?   44

7. Vom Streiten und (fast) Versöhnen   52

8. Es wird immer verrückter   60

9. Probe für die Solo-Nummer   69

10. Auge in Auge mit Marc PiDodo   76

11. Geheimnisvolles Khushi   82

12. Beim Abendbrot   87

13. Zweimal großer Auftritt   94

14. Khushi vermisst!   102

15. Gefahr für Papa   107

16. Ende gut, alles gut?   114

17. Abschied vom Khushi   125

1. Kapitel
Von Peinlichkeiten und schwierigen Fragen

Es gibt Freunde, die braucht man, um öde Schulstunden zu überstehen oder endlose Regennachmittage. Oder doofe Geburtstagsfeiern, bei denen man sonst keinen kennt. Und dann gibt es Freunde, die sind fast überlebenswichtig. So wie Mali.

Ja, mein bester Freund ist ein Mädchen! Nein, das ist kein Irrtum und wir sind auch nicht verknallt. Ich kenne Mali seit dem Kindergarten und genauso lange sind wir schon befreundet.

Zwischen Mali und mich passt kein Blatt Papier, wie Papa immer sagt. Echt, wir kennen uns in- und auswendig, können stundenlang zusammensitzen und ganz entspannt die Klappe halten. Wobei das selten passiert. Mali redet nämlich wie ein Wasserfall. Aber das stört mich nicht. Das Einzige, was nervt, ist Malis Angewohnheit, mir ständig schwierige Fragen zu stellen.

„Wenn heute ein Geist erscheinen würde und du einen einzigen Wunsch frei hättest, Jonas – was würdest du dir wünschen?" Mali sieht mich erwartungsvoll an. Als ich nicht gleich antworte, setzt sie rasch hinzu: „Und versuch jetzt bitte nicht, besonders schlau zu sein und dir tausend weitere Wünsche zu wünschen. Das ist kein bisschen schlau. Darauf kommt jeder. Und außerdem gilt es nicht!"

Mali sollte mich gut genug kennen, um zu wissen, dass ich mit tausend weiteren Wünschen restlos überfordert wäre. Na gut, eine eigene Kartbahn wäre nicht schlecht. Oder diese neuen Kopfhörer, mit denen man Flöhe husten hören kann. Oder eine Großpackung Erdnuss-Muffins mit Extraschokolade. Oder …

„Nicht *solche* Wünsche!", sagt Mali streng. (Hatte ich schon erwähnt, dass Mali Gedanken lesen kann? Jedenfalls meine.)

Ich seufze genervt, beginne aber nachzudenken, also *ernsthaft* nachzudenken. Zu meiner eigenen Überraschung habe ich sogar eine Idee. „Ich würde mir wünschen, mich blitzschnell unsichtbar machen zu können! Das wäre doch praktisch, oder? Heute in Sachkunde hätte ich echt was dafür gegeben …"

Frau Würmlein, unsere Klassenlehrerin, hatte ausgerechnet mich aufgefordert, die drei wichtigsten Merkmale von Säugetieren aufzuzählen. Und natürlich konnte ich die Gelegenheit, mich vor der Klasse zum Affen zu machen, wieder mal nicht ungenutzt verstreichen lassen. Es ist immer das Gleiche mit mir: Sobald mehr als zwei Augenpaare auf mich gerichtet sind, setzt mein Gehirn aus. Ehrlich, Totalausfall auf ganzer Linie!

Und so war es auch dieses Mal: Während ich irgendwas Peinliches über Milch, Sauger und Säuger stammelte, verhaspelte ich mich derartig, dass die komplette Klasse losprustete. Das war der Horror! Bei der Erinnerung an meinen Aussetzer laufe ich gleich noch mal knallrot an.

Mali lacht herzhaft. „Mensch, Jonas", meint sie, „sooo schlimm war es doch nun auch nicht."

„Noch viel schlimmer!", sage ich düster.

Sie verdreht die Augen. „Oh Mann, du bist wirklich ein schwerer Fall!"

Was soll das denn bitte heißen?!

„Du würdest dir also wünschen, dich unsichtbar machen zu können?", kommt Mali wieder auf ihr Thema zurück.

Na prima, sie scheint sich richtig an dieser Frage festgebissen zu haben.

Ich überlege kurz, dann schüttle ich den Kopf. „Wär vielleicht doch nicht so gut. Ich müsste ja Erklärungen für mein plötzliches Verschwinden abgeben. Außerdem würden die Leute wahrscheinlich bald vergessen, dass es mich überhaupt gibt. So oft, wie ich mich unsichtbar machen würde ...“ Da soll mal einer sagen, ich kenne meine Schwächen nicht.

Ich grinse. „Jetzt weiß ich was Besseres: Ich würde mir wünschen, dass ich mein Leben jederzeit anhalten und ein paar Minuten zurückspulen könnte. Wie einen Film. Die bescheuerten Situationen würde ich einfach rausschneiden.“ Ich nicke zufrieden. Wenn das keine gute Idee ist ...

Mali zieht eine Grimasse. „Das ist ja mal wieder typisch Jonas Weiß! Und wann würdest du diese geniale Löschtaste einsetzen?“

Ich zucke die Achseln. „Keine Ahnung. – Ab und zu eben.“

Sie schüttelt den Kopf. „Nee! Du würdest schon morgens gar nicht übers Zähneputzen hinauskommen, weil du nämlich findest, dass du mit all dem Schaum vor dem Mund total dämlich aussiehst. Also würdest du wieder und wieder zurückspulen, bis deine Zähne bloß noch abgewetzte Stümpfe sind. Wahrscheinlich würdest du es an normalen Tagen nicht mal bis zum

Frühstück schaffen. In der Schule kämst du jedenfalls *nie* an!"

Ich verschränke die Arme. Jetzt reicht's aber! Erst stellt mir Mali bekloppte Fragen und wenn ich sie beantworte, dreht sie mir einen Strick daraus. Das ist ja wohl nicht fair.

„Hey, war doch nur Spaß!" Mali knufft mich in die Seite. „Bist du sauer?"

„Nö!", behaupte ich.

„Doch!"

„Na gut, ein bisschen", gebe ich zu. „Nervt mich ja selber, dass ich mir dauernd Gedanken darüber mache, ob ich mich irgendwie albern benehme oder peinlich auffalle." Ich seufze. „Ich wäre gern so cool wie du, jedenfalls manchmal …"

Wobei „manchmal" untertrieben ist, wenn ich ehrlich bin.

„Ach was!", sagt Mali abwehrend. „Hast du vergessen, was *mir* neulich beim Klassenausflug passiert ist?" Sie grinst. „Nur zur Erinnerung: Ich bin bäuchlings in eine Schlammpfütze gefallen. Mit der Nase zuerst. Und das vor der versammelten Mannschaft!" Mali verdreht die Augen. „Du musst zugeben, Jonas, *das* war wirklich nicht zu toppen. Ich hab gestunken wie Hölle. Und alle haben sich halb totgelacht."

Das stimmt! Doch am lautesten hat Mali selbst gelacht. Aus vollem Hals, während ihr die braune Brühe aus den Haaren tropfte. Mali nimmt sich eben nicht allzu ernst. Das klingt jetzt wahrscheinlich total schräg, war aber echt so: In diesem Augenblick habe ich sie richtig beneidet …

2. Kapitel
Kein Streuselkuchen für Tante Manisha?

Als ich später in die Küche komme, blickt Mama mich überrascht an. „Ist Mali weg? Sie hätte gern zum Abendbrot bleiben können."

„Schon klar", sage ich. „Sie muss heute aber noch Babysitten. Ihre Eltern wollen ins Kino."

Mali geht bei uns ein und aus. Das war von Anfang an so, weil sich unsere Eltern auch gut verstehen. Früher haben wir häufig alle zusammen was unternommen: Fahrradtouren, Ausflüge, Grillabende … Doch seit Malis Mutter Zwillinge bekommen hat, ist das weniger geworden. Dafür verbringt Mali jetzt noch mehr Zeit bei uns.

„Boah, diese Ruhe bei euch …", sagt sie oft. „Ehrlich, Jonas, ich hab die Zwerge megalieb! Aber am allerallerliebsten hab ich sie, wenn sie schlafen."

Kann ich verstehen, denn manchmal passen wir gemeinsam auf die Zwillinge auf. Die Kleinen sind echt süß – und voll anstrengend! Keine ruhige Minute hat man mit den zwei Terrorzwergen. Meistens bin ich froh, wenn wir sie wieder bei Malis Eltern abliefern können … Uff!

„Was soll das eigentlich werden?", frage ich Mama, die bis zu den Ellenbogen in irgendeinem undefinierbaren Teigklumpen steckt.

Meine Mutter seufzt und versucht sich eine Haarsträhne aus der Stirn zu pusten. „Ein Streuselkuchen. Aber ich glaube, das wird nichts!" Genervt lässt sie den Klumpen in eine Schüssel plumpsen.

Ich stecke einen Finger in den Teig und lecke ihn ab. „Hm … der ist ja nicht besonders lecker. Seit wann backst du überhaupt so komplizierte Sachen wie Streuselkuchen?"

Normalerweise beschränken sich Mamas Backkünste auf das rasche Zusammenrühren von Fertigmischungen, was mir sehr recht ist. Ich esse Kuchen nämlich sowieso am liebsten in seiner Rohform, sprich: als Teig.

„Hefeteig schmeckt nie lecker", erklärt Mama. „Der Streuselkuchen ist für Tante Manisha. Sie ist seit letzter Woche zurück aus Indien und hat sich für morgen zum Kaffee angekündigt. Und weil sie so einen typisch deutschen Kuchen sicherlich lange nicht mehr gegessen hat, dachte ich …"

„Tante Manisha?" Ich muss kurz überlegen, aber dann macht es klick. „Ist das nicht diese durchgeknallte Cousine von Papa, die seit Ewigkeiten in Asien lebt?"

„Na ja, Manisha ist eben … ungewöhnlich", wiegelt Mama ab.

„Soso, *ungewöhnlich*." Ich grinse sie an. „Zu Papa hast du letztens gesagt, sie sei total durchgeknallt!"

Das ist doch echt ungerecht: Erwachsene ermahnen einen ständig, nicht schlecht über andere zu reden. Und kaum ist man um die Ecke, lästern sie selbst, was das Zeug hält. Wenn Mama mit ihren Freundinnen zusammenhockt, klingeln mir manchmal die Ohren …

Ertappt! Jetzt wird Mama sogar ein bisschen rot. „Ich gebe ja zu, dass Papa und ich Manisha etwas … äh … verrückt finden. Aber sie ist viel herumgekommen und kann toll darüber erzählen."

„Heißt sie eigentlich wirklich Manisha?", frage ich.

„Nein, ‚Manisha' ist Hindi, also eine der Sprachen, die in Indien gesprochen werden." Mama lächelt. „Ihr richtiger Name ist Margarete."

Oje, Margarete! Da hätte ich mich vielleicht auch umgetauft.

Mama lässt die Arme sinken und blickt skeptisch in ihre Teigschüssel. „Das wird so nichts. Ich brauche mehr Mehl. Klingelst du bitte mal drüben bei den Trödels und fragst, ob sie noch eine Tüte im Haus haben?"

„Ach, Mama, kannst du nicht selber gehen? Bitte!"

„Etwa so?" Mama hebt ihre mit Teig und Mehl bedeckten Hände. Es sieht aus, als hätte sie Gummihandschuhe an. „Jetzt los, Jonas! – Was ist so schlimm daran?"

Ich winde mich. „Ich musste die Trödels schon letzte Woche nach Zucker fragen. Mama, das ist doch voll peinlich, wenn ich da ständig vor der Tür stehe!"

Mamas Gesicht ist ein einziges Fragezeichen. „Aber wieso denn?"

Ich weiß genau, dass Mama sich jetzt gern an die Stirn tippen würde. Sie schaut auf ihre Hände, lässt es lieber bleiben und geht zum Waschbecken.

Außerdem öffnet sich in diesem Augenblick die Tür und Papa stolpert herein. Ups, was ist denn mit dem passiert? Sein normalerweise lockiges Haar klebt platt am Kopf. Sein Anzug trieft vor Nässe und die Schuhe machen bei jedem Schritt ein schmatzend-saugendes Geräusch.

„Oje, Paul, du bist ja klitschnass!", ruft Mama aus. „Regnet es etwa?" Sie blickt zum Fenster, aber die Gardinen sind zugezogen.

Papa lässt sich auf einen Stuhl plumpsen und versucht, seine Schuhe auszuziehen. Unter ihm bildet sich bereits eine kleine Pfütze. „Regen? Ach was!", knurrt Papa. „Ich hab aus Spaß ein Bad genommen und vergessen, mich vorher auszuziehen!"

Sehr witzig.

„Aber wieso bist du denn derartig nass geworden? Konntest du nicht direkt vor dem Haus parken?", erkundigt sich Mama. Als sie nicht gleich eine Antwort bekommt, fügt sie hinzu: „Auf unserem Stellplatz?"

„Da stand mal wieder der Wagen unserer lieben Nachbarn", ächzt Papa.

„Was? Schon wieder?" Mama ist richtig empört.

„Also wirklich: *Wir* haben den Platz für teures Geld gemietet. Und die Trödels ignorieren das einfach. – Aber jetzt reicht es. Du musst mit ihnen reden, Paul. Am besten sofort!"

„Kann Papa dann vielleicht auch gleich nach dem Mehl fragen?", schalte ich mich schnell ein.

„Mehl? Wieso Mehl?", fragt Papa verwirrt.

Mama winkt ungeduldig ab. „Das ist doch jetzt egal!" Sie wendet sich wieder Papa zu. „Gehst du direkt rüber, Paul? Das muss endlich mal geklärt werden."

Papa weicht ihrem Blick aus. „Ach, vielleicht nicht heute. Ich bin ja völlig durchnässt und außerdem ist Abendbrotzeit und … Wirklich, ich glaube, das passt jetzt nicht so gut."

„Paul!" Die Stimme meiner Mutter klingt bittend und wütend zugleich.

Papa macht sich wieder an seinen Schuhen zu schaffen. „Ich spreche nächste Woche mit den Trödels", versucht er Mama zu beschwichtigen. „Wenn sich die Wogen geglättet haben …"

„Welche Wogen?! – Die in deinen Schuhen?" Mama verdreht die Augen. „Ach Mensch, Paul … Es ist doch

immer das Gleiche mit dir!" Sie stemmt verärgert die
Hände in die Hüften. „Soll ich mit ihnen reden?"

„Nein, nein, ich mach das schon. Aber dann, wenn
es passt", wiegelt Papa ab. „Für solche Auseinander-
setzungen muss man auf die richtige Gelegenheit
warten."

Mama seufzt. „Die kommt nur leider nie, diese
Gelegenheit!" Sie wendet sich wieder ihrem Teig zu.

Papa nimmt seine Schuhe und schleicht zur Tür.
„Ich geh mal besser heiß duschen."

„Tu das!"

Als Papa weg ist, schüttelt Mama stumm den Kopf.
Dann scheint ihr plötzlich aufzufallen, dass ich auch
noch da bin. Ein bisschen verlegen hält sie mir die

Schüssel hin. „Willst du? Ich glaube, ein Kuchen wird das sowieso nicht mehr."

Ich schüttle den Kopf.

„Und?", fragt Mali am nächsten Morgen auf dem Schulweg. „Hat dein Vater noch mit euren Nachbarn gesprochen?"

„Natürlich nicht", sage ich. „Was glaubst du denn?"

Ich habe Mali die Geschichte von gestern Abend gleich am Telefon erzählt. Sie ist die Einzige, mit der ich über so was rede. Vor ihr ist mir fast nichts peinlich. Nicht mal Papa mit seiner Weigerung, sich mit irgendjemandem auf der Welt anzulegen.

„Das ist schon krass", meint Mali nachdenklich. „Andere Männer brüllen ständig herum oder zerkloppen die Möbel – und dein Vater ist einfach zu … äh … zu …" Sie sucht nach dem richtigen Wort.

„Zu nett", sage ich. „Ja, das ist er wirklich. Irgendwie komisch, oder?"

Ich glaube, Mama treibt es in den Wahnsinn, dass Papa ständig die weiße Fahne hisst. Sie erwartet bestimmt nicht von ihm, in der Mittagspause mal eben schnell die Welt zu retten. So was machen Männer nur in Filmen. Zum Glück, sonst hätte ich echt Panik davor, erwachsen zu werden.

Aber Papa will einfach *niemandem* auf die Füße treten! Weder den Nachbarn noch seinem fiesen Chef

Dr. Miesmann, der ihn ständig herunterputzt und Papas Vorschläge grundsätzlich ablehnt. Und falls der Miesmann doch mal eine Idee von Papa gut findet, dann sagt er das nicht ehrlich, sondern gibt sie vor dem Oberchef als seine eigene aus. Das ist so dreist!

Mama und ich könnten sicher tausend Situationen aufzählen, in denen Dr. Miesmann sich Papa gegenüber total mies benommen hat. Manchmal sind Namen nämlich echt Programm.

3. Kapitel
Eine alarmierende Ankündigung

In der Schule empfängt uns unsere Klassenlehrerin heute mit einem ganz besonders breiten Strahlen. Frau Würmlein (ja, die heißt echt so) gehört zu diesen ewig gut gelaunten Menschen, neben denen man sich selbst wie ein Griesgram fühlt. Irgendjemand scheint jeden Morgen Frau Würmleins gute Laune anzuknipsen wie einen Lichtschalter. Pling! Bestimmt erzählt sie ihrem Mann immer schon beim Frühstück, was für ein toller Tag das wieder wird. Ehrlich, unsere Lehrerin würde einem auf dem Weg zur Zahnwurzelbehandlung noch ein fröhliches „Viel Spaß!" hinterherrufen.

Heute hat Frau Würmlein so gute Laune, weil unsere Klasse beim bevorstehenden Schulfest etwas vortragen darf. Fröhlich blickt unsere Lehrerin in die Runde. „Eine richtige musikalische Aufführung! Ist das nicht toll? Wir werden bestimmt viel Spaß haben."

NEIN! Bestimmt nicht! – In mir löst allein das Wort „Aufführung" sofort eine Panikattacke aus. Ich will nichts aufführen, es sei denn, es gibt eine stumme Rolle, bei der ich gleichzeitig unsichtbar bin. Hinter der Tür oder unter dem Teppich. Und ich will auch ganz sicher nichts vortragen. Das Einzige, was ich (an einem guten Tag) „vortragen" kann, ohne zur Lachnummer zu werden, ist ein Tisch oder ein Tablett.

„Ich dachte an eine Mischung aus Musik und Tanz", spricht Frau Würmlein munter weiter. „Nichts Klassisches, sondern etwas mit Schwung!"

Mali beginnt zu kichern und stößt mich in die Seite. Anscheinend findet sie es witzig, wie Frau Würmlein versucht, uns zu locken. Witzig kann ich das alles aber beim besten Willen nicht finden. Echt nicht!

„Was haltet ihr von einem Stück von Elvis Presley?", fragt Frau Würmlein jetzt. „Das hat Pep. Ihr könntet singen *und* tanzen!"

Elvis Presley??!! Wir sehen uns sprachlos an.

„Ist der nicht längst tot?", fragt Friederike schließlich mit ihrer Piepsstimme, von der ich immer Ohrenschmerzen kriege.

Frau Würmlein nickt, ausnahmsweise eine Spur betrübt. „Das stimmt, Elvis ist schon 1977 gestorben. Aber er soll ja nicht selbst singen, sondern ihr. Da macht es nichts, dass er tot ist. Das ist Mozart im Übrigen auch – und der wird noch fleißig gespielt, oder?"

Das ist natürlich ein schlagendes Argument. Doch andere in meiner Klasse wittern ebenfalls langsam die Nachteile, die in Frau Würmleins „tollem Projekt" lauern.

„Sollen wir etwa auf Englisch singen?", erkundigt sich Cem misstrauisch.

Frau Würmlein nickt. „Das schon", gibt sie lächelnd zu. „Aber es ist ja nur ein einziger Song. – Und dazu ein paar einfache Tanzschritte. Ihr werdet sehen, der Aufwand hält sich in Grenzen!"

„Kriegen wir denn auch Kostüme?", erkundigt sich jetzt Nathalie eifrig. Sie ist so aufgeregt, dass sie sogar von ihrem Stuhl aufspringt.

Mali und ich wechseln einen Blick. Nathalie war im selben Kindergarten wie wir – und bei jedem Faschingsfest als Prinzessin verkleidet. Selbst wenn das Motto „Zoo" oder „Zukunft" hieß. Ich bin mir zu hundert Prozent sicher: Nathalie wird auch als Elvis Presley ein Prinzessinnenkleid tragen wollen.

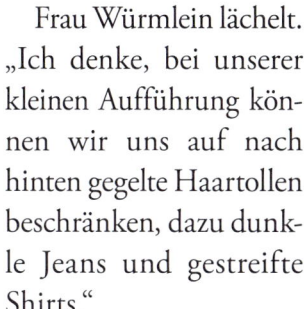

Frau Würmlein lächelt. „Ich denke, bei unserer kleinen Aufführung können wir uns auf nach hinten gegelte Haartollen beschränken, dazu dunkle Jeans und gestreifte Shirts."

Nathalie sinkt enttäuscht zurück auf ihren Stuhl.

Jetzt hebe ich die Hand. Mali sieht mich so erstaunt an, als würde ich mitten in der Stunde zum Kopfstand ansetzen. Zugegeben, es kommt nicht allzu oft vor, dass ich mich freiwillig melde. Ich hole tief Luft. „Können wir, statt zu singen und zu tanzen, auch … äh … am Bühnenbild oder in der Technik mitarbeiten?", frage ich möglichst lässig.

Nicht dass ich mich je für Technik interessiert hätte. Aber ich kann ja mal so tun, als ob.

Leider durchschaut Frau Würmlein meine Taktik sofort. Sie zwinkert mir aufmunternd zu. „Keine Lust, auf der Bühne zu stehen, Jonas? Warte nur ab! Ich bin sicher, es wird dir Spaß machen." Dann blickt sie strahlend in die Runde. „Ich möchte, dass ihr alle dabei seid. Jeder und jede Einzelne von euch. Das wird ein richtig schönes Klassenprojekt!"

Ich sacke in mich zusammen. Jetzt habe ich wirklich ein Problem.

„Du kannst bei der Aufführung ja etwas Schwarzes anziehen", versucht mich Mali zu beruhigen. „Und wenn du ganz hinten tanzt, direkt vor dem dunklen Vorhang, dann sieht man dich kaum."

Na toll … Es wird mir vermutlich nicht gelingen, komplett mit dem Hintergrund zu verschmelzen. Schon gar nicht mit einem gestreiften Shirt.

Und überhaupt: Mali hat gut reden! Sie kann sich einfach total toll und locker bewegen. Weil ihr auch beim Tanzen völlig egal ist, ob sie wie ein aufgedrehter

Schimpanse aussieht. Mali geht es darum, Spaß zu haben, während ich ständig befürchte, peinlich zu sein.

Die anderen Jungs sind auch nicht gerade begeistert von Frau Würmleins Idee. Elvis Presley ist ihnen nicht cool genug.

„Hat der nicht immer so komisch mit den Hüften gewackelt?", fragt Yunus misstrauisch.

Frau Würmlein nickt. „Richtig, Yunus. Du kennst dich ja gut aus. Elvis hat einen ganz eigenen Tanzstil entwickelt, der bis heute kopiert und nachgetanzt wird. Ihr werdet sehen, das macht einen Riesenspaß!"

„Oh Mann", stöhnt Yunus wenig überzeugt.

„Wenn wir wenigstens rappen könnten!", mault Max.

Mali und ich wechseln einen Blick. Max kriegt schon so kaum die Zähne auseinander. Als Rapper kann ich ihn mir nun wirklich nicht vorstellen.

„Elvis Presley hat auch gern Pink und Weiß getragen, mit ganz viel Glitzer", wirft Samira ein. „Er hatte sogar ein rosa Auto! Das hab ich in einer Zeitschrift gesehen." Samiras Mutter besitzt einen Friseursalon, in dem haufenweise Zeitschriften ausliegen. Daher hat Samira immer einen prima Überblick über das Leben der Stars. Ein Wissen, an dem sie die Klasse gern teilhaben lässt.

Yunus verschränkt die Arme vor der Brust. „Damit das klar ist: Wenn ich rosa-weißes Glitzerzeug anziehen soll, mach ich nicht mit!", sagt er entschlossen.

Finn und Paul nicken. „Wir auch nicht. Da streiken wir!"

Prima! Ich schöpfe neue Hoffnung. Wenn alle streiken, bin ich gerettet. Dann fällt Frau Würmleins tolle Idee – schwups – ins Wasser.

Aber unsere Lehrerin hebt die Arme. „Keine Sorge. Ich hab den Song ‚Jailhouse Rock' ausgewählt. Das ist auch der Titel eines Musikfilms mit Elvis in der Hauptrolle. ‚Jailhouse' heißt übersetzt Gefängnis. Dort spielt die Handlung und es trägt garantiert keiner rosa-weiße Glitzer-Outfits", erklärt sie zufrieden.

Mist!

4. Kapitel
Ein Geschenk aus Indien

„Vergesst bitte nicht, dass wir morgen den neuen Klassensprecher wählen", erinnert uns Frau Würmlein zum Schulschluss. „Macht euch schon mal ein paar Gedanken, wen ihr für geeignet haltet. Oder ob ihr euch selbst aufstellen lassen wollt, ja?"

Ich höre kaum hin. Keine zehn Pferde könnten mich je dazu bringen, Klassensprecher zu werden. Die müssen auf Versammlungen reden und mit Lehrern verhandeln, wenn die Klasse mit irgendwas nicht einverstanden ist oder es sonst wie Ärger gibt. Luise und Tim, unsere bisherigen Klassensprecher, mussten sogar schon bei Streitereien unter Mitschülern eingreifen. Der blanke Horror! Aber jetzt ist Tim weggezogen. Und deswegen muss morgen ein Nachfolger für ihn gewählt werden.

„Was meinst du, wollen wir Yunus als Klassensprecher vorschlagen?", frage ich Mali auf dem Heimweg. Zugegeben: nicht ohne Hintergedanken. Vielleicht könnte Yunus die Aufführungspläne unserer Lehrerin noch zunichtemachen, wenn er erst einmal Klassensprecher ist …?

„Hä?" Mali tippt sich an die Stirn. „Bist du verrückt? Yunus hätte doch bis zur großen Pause vergessen, dass er überhaupt gewählt worden ist. Dann würde er in null Komma nichts das Klassenbuch verschlampen und den Geburtstag von Frau Würmlein mit dem Nikolaustag verwechseln." Sie kichert. „Nee, lieber nicht. Der ist ja fast so schlimm wie ich!"

Kaum möglich. Mali ist wirklich total chaotisch. Ständig verliert oder vergisst sie etwas. Ich habe den Verdacht, Malis Mutter ist immer heilfroh, wenn Mali und ich zusammen mit den Zwillingen losziehen. Bei mir kann sie wenigstens sicher sein, dass ich den Buggy nicht versehentlich irgendwo stehen lasse.

Mali wirft mir einen Seitenblick zu. „Und? Hast du dich beruhigt? Ich meine, wegen der Elvis-Geschichte?"

Ich verdrehe die Augen. „Na ja, wahrscheinlich gibt es Schlimmeres als so eine Aufführung, oder?" Ich seufze. „Mir fällt nur gerade nichts ein …"

„Ach, Jonas", sagt Mali mitleidig. „Pass auf, ich komm nachher zu dir rüber und wir schauen zusammen ein paar Videos von Elvis Presley, okay? Ist bestimmt lustig!"

„Geht nicht", sage ich. „Heute Nachmittag ist doch Tante Manisha zu Besuch."

„Die Durchgeknallte aus Indien?"

Genau die.

Tante Manisha sitzt bereits bei uns zu Hause auf der Couch, als ich zur Tür hereinschneie. Sie springt mit einem kleinen Freudenschrei auf und eilt begeistert auf mich zu. Ehe ich mich's versehe, hat sie mich in ihre Arme geschlossen. Als sie mich endlich loslässt, muss ich erst mal nach Luft schnappen.

Plötzlich scheint Tante Manisha einzufallen, dass sie so eine Art halbe Inderin ist. Jedenfalls tritt sie einen Schritt zurück, legt ihre Hände vor der Brust aneinander und senkt kurz den Kopf. „Namaste! – So begrüßt man sich in Indien", erklärt sie mir strahlend.

Ich stehe stocksteif da und weiß nicht, wie ich reagieren soll. Muss ich jetzt auch diese komische Sache mit den Händen machen und „Namaste!" (hinten mit langem e) sagen? Schon merke ich, wie ich rot anlaufe. Ich muss irgendwas sagen, sonst hält Tante Manisha mich noch für völlig zurückgeblieben. Aber meine Zunge ist mal wieder hoffnungslos verknotet und mein Hirn leer wie mein Sparschwein kurz vor Weihnachten.

Zum Glück erlöst mich Mama. Die kommt nämlich mit einer Platte Streuselkuchen herein und sagt den Satz, den ich eigentlich total dämlich finde: „Na, ist unser Jonas nicht groß geworden?"

Das klingt immer so, als würden andere Kinder mit zunehmendem Alter schrumpfen statt wachsen.

Tante Manisha nickt eifrig. „Und wie! Beim letzten Mal, mein Junge, da warst du noch so klein!" Sie hält die Hand etwa zehn Zentimeter über den Fußboden. Anscheinend war ich früher mal eine Art Kriechtier oder ein Plattfisch. Dann lächelt Tante Manisha selig und lässt sich zurück aufs Sofa plumpsen. „Oh, Streuselkuchen …" Während Mama ihr ein großes Stück auf den Teller lädt, klopft Tante Manisha auf den Platz neben sich. „Setz dich, mein Herz!"

Mit dem „Herz" bin ich gemeint. Gehorsam lasse ich mich neben Tante Manisha nieder. Statt Mittagessen gibt es heute anscheinend direkt Streuselkuchen. Offenbar hat Mama es am Vormittag doch noch ge-

schafft, einen Kuchen zu zaubern. Ich greife eifrig zu, während Mama drei Tassen Tee einschenkt.

Tante Manisha nimmt einen Schluck. „Ah, wie köstlich … grüner Tee. Sehr gesund!"

Mama nippt ebenfalls begeistert. Echt, sie tut so, als würde bei uns von früh bis spät grüner Tee serviert. Dabei trinken Mama und Papa sonst immer Kaffee zum Kuchen. Ich finde, grüner Tee sieht nicht nur aus wie Spülwasser, er schmeckt auch ein bisschen so.

Während Tante Manisha in beeindruckendem Tempo den Streuselkuchen in sich hineinschaufelt, betrach-

te ich sie unauffällig. Sie ist klein und rundlich, das krause schwarzgraue Haar hat sie hoch auf dem Kopf zu einer Art Vogelnest aufgetürmt. Und ihr langes Kleid leuchtet in Türkis und Gelb. Ich unterdrücke ein Grinsen. Sie sieht aus wie ein freundliches Knallbonbon.

Plötzlich blickt Tante Manisha von ihrem Kuchenteller auf und mir direkt in die Augen. Mist, jetzt hat sie mich beim Starren ertappt! Schnell schaue ich zur Seite.

„Möchtest du mich etwas fragen, Jonas?", erkundigt sich Tante Manisha heiter und nicht im Geringsten beleidigt.

Hä? Was soll ich sie denn fragen? Aber besser, ich sage irgendwas! Verlegen platze ich mit dem Erstbesten heraus, das mir in den Sinn kommt: „Also … äh … Wieso nennst du dich eigentlich Manisha? Hat der Name eine Bedeutung?"

Sie lächelt. „Nun, mir gefiel der Klang des Wortes, als ich es zum ersten Mal hörte. Das war es aber nicht allein. ‚Manisha' ist Hindi und bedeutet ‚Wunsch'."

Zugegeben, das ist nicht übel. In unserer Parallelklasse heißt ein Mädchen Farina. Das bedeutet auf Italienisch ‚Mehl'. So möchte man echt nicht heißen, oder?

„Schöner Name", sage ich.

„Nicht wahr?" Tante Manisha nickt. „Um einiges hübscher als mein Geburtsname Margarete!"

„Sind denn viele deiner Wünsche in Indien in Erfüllung gegangen, Manisha?", schaltet sich Mama ein.

Die Tante überlegt. „Ach, ich glaube, meine Wünsche haben sich vor allem verändert. Was mir hier in Deutschland wichtig erschien, war es in Indien nach kurzer Zeit nicht mehr. Dafür entstanden natürlich andere Wünsche …"

Und dann erzählt Tante Manisha von Indien. Von den Farben, den Gerüchen und den scharfen Curry-Gerichten, die überall auf der Straße angeboten werden. Von heiligen Kühen, wilden Tieren, feuchter Hitze, religiösen Festen und den Massen von Menschen, die sich in großen Städten wie Mumbai drängen.

„In Indien liegen Schönes und Schlimmes sehr nah beieinander", sagt Tante Manisha irgendwann. „An den Anblick von Kindern, die betteln oder schwere Lasten tragen müssen, hab ich mich nie gewöhnt."

Ich nicke. Frau Würmlein hat uns erst kürzlich einen Film über Kinder in Indien gezeigt. Viele waren nicht älter als Mali und ich. Aber sie gehen nicht zur Schule, sondern arbeiten in Fabriken, wo sie Teppiche knüpfen oder Kleider nähen. Besonders übel finde ich, dass einige dieser Sachen bei uns verkauft werden!

Tante Manisha springt auf. „Da fällt mir ein: Ich hab Fotos von meiner Reise nach Nepal dabei, die ich euch zeigen kann. Und von meinem Garten in Jaipur." Sie holt ihren großen Lederbeutel und wühlt darin herum. „Oje, jetzt hätte ich doch fast vergessen, Jonas sein Mitbringsel zu geben. Ich Schussel!" Begeistert zaubert Tante Manisha ein buntes Päckchen hervor und drückt es mir in die Hand. „Hier, bitte schön!"

Oh, ein Geschenk aus Indien! Vielleicht ein paar indische Süßigkeiten? Oder ein toller Schlüsselanhänger? Gespannt drücke ich auf dem Päckchen herum. Nein, so fühlt es sich eigentlich nicht an. Aber was ist es dann?

Ungeduldig reiße ich das Papier auf. Im nächsten Moment betrachte ich verblüfft das seltsame Ding in meiner Hand. Es ist eine kleine Figur mit dunklen Haaren und einem roten Band um den Kopf. Auf der Stirn trägt sie einen Punkt wie Tante Manisha. Die Augen sind im Vergleich zum Mund riesengroß und starren. Der dunkelrot glänzende Anzug ist mit goldenen Mustern verziert. Ehrlich gesagt finde ich das Ding ein bisschen gespenstisch. Und vor allem: Was soll ich damit?

Tante Manisha schaut mich erwartungsvoll an. „Na, was sagst du, Jonas? Gefällt dir das *Khushi*?"

Ich drehe das Püppchen hin und her und versuche, Begeisterung zu heucheln. Schließlich hat Tante Manisha es sicher gut gemeint. „Ja, es ist … äh … wirklich schön. Danke!"

„Gern geschehen." Tante Manisha klatscht entzückt in die Hände. „Es wird dir bestimmt viel Freude bereiten!"

Oh ja, bestimmt …

Ich lege die Figur vorsichtig auf den Tisch. An Tante Manishas Blick merke ich aber, dass das Thema noch nicht erledigt ist. Daher frage ich höflich: „Wie hast du es eben genannt? Khushi? Heißt das ‚Puppe' auf Indisch?"

Tante Manisha schüttelt eifrig den Kopf. „Nein, nein. ‚Khushi' bedeutet auf Hindi ‚Glück'. – Es ist ein Glücksbringer! Du wirst sehen: Ein echtes Khushi kann unglaubliche Kräfte entwickeln …"

Jetzt nimmt auch Mama das Püppchen in die Hand und betrachtet es interessiert von allen Seiten. „Ach, wie nett", sagt sie. „Dann ist ein Khushi in Indien wie ein Glücksschweinchen bei uns?"

Tante Manisha wirft Mama einen Blick zu, als hätte die dem kostbaren Khushi soeben den Kopf abgebissen. „Also wirklich, Nina! Das kann man doch gar nicht vergleichen", sagt sie missbilligend. „Ein Khushi ist ein echter Glücksbringer! Ein Talisman! Nicht irgendein Unfug." Plötzlich beugt sie sich so zu mir herüber, dass sich fast unsere Nasenspitzen berühren. „Du musst das Khushi immer bei dir tragen", wispert sie eindringlich. „Nur dann kann es seine wunderbaren Kräfte voll entfalten! – Verstehst du, Jonas?"

Ich nicke brav und weiche ein Stück zurück. Also eins ist klar: Mama und Papa haben kein bisschen übertrieben. Tante Manisha ist tatsächlich komplett durchgeknallt!

5. Kapitel
Familiengeschichten

„Na, wie fandest du deine indische Tante?", fragt Papa, als er abends in mein Zimmer kommt, um mir einen Gutenachtkuss zu geben.

„Och, ganz nett", sage ich und rücke meine Kissen zurecht. „Aber ein bisschen verdreht ist sie, oder? Ich meine, hier oben …" Ich tippe mir vielsagend an die Stirn.

Papa grinst. „Na ja, ein bisschen."

„War sie schon immer so?", frage ich rasch weiter. „Früher, als ihr Kinder wart, meine ich." Vielleicht kann ich Papa dazu bringen, noch ein kleines bisschen mit mir zu quatschen. Ich bin nämlich überhaupt nicht müde.

Tatsächlich setzt sich Papa auf den Rand meines Bettes und macht es sich gemütlich. Super, mein Plan scheint aufzugehen! Aber das klingt jetzt so berechnend. Ich rede natürlich immer gern mit Papa. Nicht nur, wenn ich eigentlich schlafen soll.

„Manisha, also damals hieß sie ja noch Margarete, ist fünfzehn Jahre älter", beginnt Papa. „Als ich eingeschult wurde, war sie bereits erwachsen. Da war sie auch schon ein verrücktes Huhn. So eine Art schwarzes Schaf der Familie."

Oh, das klingt interessant.

„Und wieso?", frage ich neugierig.

Papa schmunzelt. „Sie hatte eine Beziehung mit einem verheirateten Mann. Das war in einer Kleinstadt damals noch ein richtiger Skandal. Na, zumindest wurde ordentlich darüber getuschelt. Meine Tante Elvira, Margaretes Mutter, bekam wegen dieser Affäre fast einen Herzinfarkt. Jedenfalls behauptete sie das immer …"

Ich schüttle ungläubig den Kopf. Erwachsene sind manchmal echt komisch.

„Und was ist dann passiert?"

Papa zuckt die Achseln. „Margaretes Freund hat sich letztendlich doch für seine Familie entschieden und mit ihr Schluss gemacht. Margarete war todunglücklich. Sie hat die Ausbildung in der Fleischerei ihrer Eltern hingeschmissen und ist Hals über Kopf nach Indien geflüchtet."

Oje, eine Ausbildung in einer Fleischerei – da wäre ich vielleicht auch nach Indien abgedampft.

„Und dann?", frage ich weiter.

„Ich glaube, am Anfang ging es Margarete ziemlich schlecht in Indien. Sie hatte weder Arbeit noch Geld. Aber mit der Zeit lernte sie von indischen Freunden verschiedene Meditationstechniken. Also Übungen zur

Entspannung und Konzentration, weißt du?", erklärt Papa. „Das baute sie aus und bildete sich weiter. Na ja, und irgendwann konnte Margarete – oder Manisha, wie sie sich inzwischen nannte – Meditationskurse für Touristen anbieten. Das macht sie bis heute."

„Verdient sie denn damit genug Geld?", frage ich.

Papa lächelt. „Ich glaube, Manisha hat keine besonders hohen materiellen Ansprüche. Außerdem ist das Leben in Indien viel billiger als hier." Er steht auf. „Ich gebe zu, Manisha wirkt ein bisschen … ungewöhnlich. Eins muss man ihr aber lassen: Sie macht genau ihr Ding!"

Ich horche auf. Papas letzter Satz klang irgendwie … ja, fast neidisch.

„Und du?", frage ich. „Machst du nicht ‚dein Ding'?"

Papa seufzt. „Doch, meistens schon, Jonas. – Jedenfalls, wenn man mich lässt."

Ich zögere, aber dann frage ich weiter: „Wer lässt dich denn nicht? Oma und Opa?"

Papa sieht mich erstaunt an. „Oma und Opa? Wie kommst du darauf?"

„Äh …" Mist, ich hätte das Thema nicht anschneiden sollen. Voll dämlich von mir! „Na ja", druckse ich herum. „Mama hat irgendwann mal gesagt, Oma und Opa hätten dich noch ganz schön an der Kandare. So hat sie das jedenfalls genannt. Ich glaube, Mama meinte damit, dass du sofort hinfährst, wenn Oma und Opa anrufen … und … äh, das stimmt doch, oder?" Ich werfe Papa einen unsicheren Blick zu. Keine Ahnung, was in ihm vorgeht. Hätte ich bloß die Klappe gehalten! „Aber es gibt ja auch immer einen guten Grund", setze ich etwas lahm hinzu. „Also fürs Hinfahren."

In Wirklichkeit hat Mama zu ihrer Freundin Hanna gesagt: „Wenn seine Eltern pfeifen, springt Paul!" Doch das muss ich Papa ja nicht unbedingt auf die Nase binden. Ich glaube, es reicht ihm schon so.

„Wen hast du denn eben gemeint?", lenke ich ab. „Deinen Chef?"

„Genau den!", bestätigt Papa grimmig. „Weißt du, der Dr. Miesmann kann ein ziemliches Ekel sein."

Das habe ich schon oft genug mitgekriegt. „Und dagegen kann man gar nichts machen?", hake ich vorsichtig nach.

Er zögert einen Moment. „Andere vielleicht. Ich anscheinend nicht." Papa lächelt, aber es ist ein verunglücktes Lächeln. Eins, das in den Mundwinkeln hängen bleibt. Dann steht er auf und löscht das Licht.

„Papa …?"

„Hm?" Er bleibt in der Tür stehen. Ich sehe bloß noch seinen Umriss.

„Du bist ein super Vater", flüstere ich in die Dunkelheit. „Der beste, ehrlich!"

„Danke, Jonas. Und du bist ein super Sohn! Schlaf schön!"

„Soll ich dir eine Banane zum Pausenbrot legen?", fragt Mama beim Frühstück.

Ich schüttle rasch den Kopf. „Die wird nur braun. Und dann findest du sie irgendwann zermatscht in meinem Ranzen und bist sauer."

Es vergeht wirklich kein einziger Morgen, ohne dass Mama die Bananenfrage stellt. Auf die ich übrigens immer dasselbe entgegne. Mama selbst mümmelt jeden Tag bestimmt zwei oder drei von den Dingern, weil Bananen „wahnsinnig gesund" sind und „Power" geben. Mama glaubt mindestens so sehr an die Kraft der Banane wie Tante Manisha an die Magie des Khushi! – Aber wenigstens wird das Khushi nicht braun und matschig, wenn ich es im Ranzen vergesse. Besonders groß ist es auch nicht. Also hinein damit! Außerdem will ich das seltsame Geschenk Mali zeigen.

Da klingelt es schon. Das wird sie sein. Rasch schlüpfe ich in meine Jacke und stürme hinaus. Mali holt mich jeden Morgen zur Schule ab. In der ersten Zeit ist sie ständig zu spät gekommen. Es hat mich echt genervt, immer darauf zu warten, dass sie endlich um die Ecke biegt. Und mir dann eine ihrer mehr oder weniger originellen Entschuldigungen anzuhören: Mal saß ein Frosch in der Badewanne, mal hatten die Zwillinge angeblich ihren Ranzen verschleppt, voller Spielzeug gepackt oder mit Schokolade beschmiert … oder, oder, oder.

Ich hasse es, zu spät zur Schule zu kommen! Alle starren einen an, wenn man in die Klasse platzt, und sogar Frau Würmlein ist sauer. Irgendwann hat's mir gereicht und ich bin zur verabredeten Zeit einfach allein losmarschiert. Ich habe mich total doof dabei gefühlt, wie der letzte Streber, ehrlich. Aber es hat funktioniert. Erst war Mali beleidigt, doch dann stand sie jeden Morgen pünktlich bei uns auf der Matte. Und dabei ist es geblieben.

Also, man könnte sagen: Ich habe Mali Pünktlichkeit beigebracht. Das klingt jetzt ein bisschen bescheuert. Aber sie versucht ja auch immer, mich zu erziehen. Damit ich alles endlich mal lockerer sehe. Leider sind Malis Erziehungsversuche bei mir bisher weniger erfolgreich als umgekehrt ...

„Erzähl, wie ist deine Tante Manisha denn nun?", fragt Mali, während wir nebeneinander herlaufen.

„Ziemlich verrückt!", sage ich. „Schau mal, was sie mir aus Indien mitgebracht hat." Ich halte an, knie mich auf den Boden und ziehe das Khushi aus meiner Tasche.

Mali betrachtet es von allen Seiten. „Was ist denn das für ein komisches Ding?"

Rasch berichte ich ihr, was es mit dem Khushi auf sich hat. Ich lasse mich sogar dazu hinreißen, Tante Manishas Nase-an-Nase-Blick und ihren Auftrag, das Püppchen immer bei mir zu tragen, nachzuäffen. Kaum

zu glauben, aber wenn keiner außer Mali zusieht, kann ich ziemlich witzig sein!

Mali lacht sich jedenfalls fast schlapp. „Und? Hat Tante Manisha dich von der magischen Kraft des Khushi überzeugt?"

„Quatsch!" Ich schüttle den Kopf und stopfe das Ding energisch zurück in meinen Ranzen.

6. Kapitel
Wer wird Klassensprecher?

Frau Würmlein ist mal wieder bester Laune. Das liegt bestimmt an der bevorstehenden Klassensprecher-wahl. Unsere Lehrerin liebt solche Aktionen. Dabei wählen wir heute ja nur einen Ersatz für den weggezogenen Tim. Luise, die zweite Klassensprecherin, wird einfach weitermachen.

Fröhlich klatscht Frau Würmlein in die Hände. „Na, dann mal los, Kinder! Ihr hattet genug Zeit zu überlegen. Ich bitte also um Vorschläge: Wer soll künftig neben Luise die Interessen der Klasse vertreten?"

Wie immer in solchen Situationen herrscht zunächst betretenes Schweigen. Manche starren auf ihre Tische, als gäbe es da irgendwas Spannendes zu entdecken. Andere kramen scheinbar schwer beschäftigt in ihren Federmäppchen herum. Mama hat mir erzählt, dass das beim Elternabend, wenn die Elternvertreter gewählt werden sollen, ganz genauso abläuft: Keiner will. Und die, die vielleicht doch wollen, sagen es nicht, weil das irgendwie peinlich ist. Wer zuerst hochschaut, hat verloren! – Da soll noch mal einer sagen, die Erwachsenen verhalten sich klüger als wir …

Frau Würmlein lächelt aufmunternd in die Runde. „Nun aber nicht so schüchtern. Ihr wisst ja: Ihr könnt euch auch selbst vorschlagen. Nur keine Hemmungen!"

Tatsächlich geht jetzt ein Arm hoch. Oh nein, ausgerechnet der von Fabian! Mali und ich wechseln einen entsetzten Blick. Hoffentlich will Fabian jemand anders vorschlagen! Nein, leider nicht. „Also, ich würde es machen", meldet er.

Na super!

Fabian ist wirklich anstrengend. Er gehört zu denen, die Frau Würmlein daran erinnern, dass sie noch keine Hausaufgaben aufgegeben hat, wenn sie es vergisst. Er schlägt auch gern mal vor, den Fußboden des Klassenzimmers von Kaugummiresten zu befreien. Nicht unbedingt der optimale Weg, sich beliebt zu machen. Sollte Fabian Klassensprecher werden, ist hier jeden Freitag Putzen angesagt, fürchte ich …

Frau Würmlein ist hingegen hocherfreut, dass die Wahl endlich in Schwung kommt. Sie notiert Fabians Namen in Schönschrift an der Tafel. „Na, gibt's weitere Meldungen? – Nur Mut!"

Ich überlege gerade, was man mir geben müsste, damit ich mich jetzt melde. Das ist so ein geheimes Bestechungsspiel, das ich gern mit mir selbst spiele. Zugegeben, es klingt etwas verrückt. Aber es macht echt Spaß! – Es geht so: Wenn mir eine abwegige Frage gestellt wird, zum Beispiel „Kommst du mit auf den

Zehnmeterturm, Jonas?" oder „Würdest du eine Kakerlake verspeisen?", denke ich ernsthaft darüber nach, was mich dazu bringen könnte, Ja zu sagen.

Also, wofür würde ich schwach werden und mich jetzt freiwillig zur Wahl stellen? Für eine Woche Mallorca-Urlaub? Oder lebenslänglich Apfelpfannkuchen zum Frühstück? Oder schon für hundert Euro in bar? Hm, ich bin mir nicht sicher. Ist natürlich sowieso alles sehr theoretisch. Ich meine, wer sollte mir eine Woche Mallorca spendieren, bloß damit ich, Jonas Weiß, mich gnädig bereit erkläre, Klassensprecher zu werden? So was gibt es höchstens, wenn man als Bundeskanzler kandidieren soll, glaube ich.

Ich bin ziemlich vertieft in die Verhandlung mit mir selbst. Deshalb kriege ich erst gar nicht mit, dass Mali sich meldet. Verblüfft schaue ich zu ihr rüber. Nanu, will sie sich etwa doch aufstellen lassen? Gestern hat sie das noch klar abgelehnt. Seltsam! Aber Mali hat anderes im Sinn. „Ich schlage Jonas vor", sagt sie.

Wie bitte?! Ich glaube, ich höre nicht richtig! Ist Mali, meine Verbündete und Hüterin aller meiner düsteren Geheimnisse, jetzt etwa völlig verrückt geworden? Sie weiß doch, dass ich das nicht will! Nein, dass ich das nicht KANN! In größeren Runden bringe ich kein Wort raus. Jedenfalls keins, das man verstehen kann, weil ich anfange zu stottern und mir nicht mal mehr die einfachsten Wörter einfallen. Hilfe!

Mali scheint selbst nicht ganz sicher zu sein, ob es eine gute Idee war, mich vorzuschlagen. Jedenfalls meidet sie vorsichtshalber meinen Blick. Und das ist auch gut so. Denn wenn Blicke töten könnten, wäre Mali erledigt. Das ist mal klar!

Sogar Frau Würmlein kann ihre Überraschung über Malis Vorschlag kaum verbergen. Dennoch schreibt sie meinen Namen neben den von Fabian. „So, jetzt haben wir wenigstens zwei Kandidaten. Das ist doch prima!"

Ich muss mich melden. Sofort! Ich muss diese Wahl stoppen, bevor sie richtig losgeht!

Aber es ist merkwürdig: Ich kann nichts, absolut gar nichts machen. Ich schaffe es weder mich zu melden noch etwas zu sagen. Nicht mal mit dem Kopf schütteln kann ich. Unglaublich! Was ist bloß mit mir los? Wie gelähmt sitze ich da, während das Wahl-Drama seinen Lauf nimmt. Nur verschwommen bekomme ich mit, dass Frau Würmlein Zettel verteilt und die Klasse auffordert, meinen oder Fabians Namen darauf zu notieren. Ich selbst kritzle auch ein paar Buchstaben aufs Papier. Ohne zu wissen, was ich da überhaupt schreibe.

Und dann geht alles ganz schnell: Frau Würmlein sammelt die Zettel ein und Luise hilft ihr, sie auszuzählen. Nervös verfolge ich, wie hinter meinem Namen an der Tafel ein Strich nach dem anderen erscheint.

Auch Fabian bekommt ein paar Stimmen. Aber es ist trotzdem bald klar, wer der Sieger dieser Wahl ist: ICH!

Kein Wunder, die wenigsten meiner Mitschüler wollen den Rest des Schuljahrs alten Kaugummi vom Boden schaben. Diese schlichte Tatsache dürfte meinen überlegenen Sieg erklären. Meinen „Sieg" … völlig absurd!

Irgendwann ist der letzte Zettel ausgezählt. Fabian verzieht beleidigt das Gesicht, während Frau Würmlein mir strahlend zur gewonnenen Wahl gratuliert. Die anderen trommeln auf ihren Tischen Beifall – und ich würde am liebsten ohnmächtig werden. So für zwei, drei Jährchen vielleicht.

Am Ende hat Frau Würmlein noch „eine wunderbare Überraschung" für Luise und mich: Die Sprecher der vierten Klassen dürfen in diesem Jahr an einem Streitschlichter-Seminar teilnehmen. „Da werdet ihr lernen, Konflikte innerhalb der Klasse fair zu lösen und einzugreifen, wenn jemand gemobbt wird."

Na toll, das sind ja prima Aussichten!

Luise interessiert vor allem eins: „Kriegen Jonas und ich für dieses Streitschlichter-Ding schulfrei?"

Kriegen wir.

Als es zur Pause läutet, stürme ich wortlos nach draußen. Mali kann mich mal, jawoll!

Es dauert nicht lange, bis sie mich eingeholt hat. „Jetzt warte doch!"

„Worauf denn?", blaffe ich sie an. „Dass du mich zum Schulsprecher vorschlägst? Oder soll ich gleich als Bürgermeister kandidieren? Ach nein, warte! Ich könnte mich natürlich auch für ‚Deutschland sucht den Superstar' bewerben!"

„Mensch, Jonas! Bitte!" Mali packt mich am Arm, aber ich schüttle sie ab.

Ich bin so sauer! Echt, wenn mich jemand gut kennt, dann Mali. Sie muss doch gewusst haben, dass sie mir damit keinen Gefallen tut, sondern den puren Horror auslöst!

„Es tut mir leid, Jonas. Wirklich!" Mali wirkt genauso verwirrt wie ich. „Keine Ahnung, was da eben in mich gefahren ist. Plötzlich hatte ich das Gefühl, es wäre eine gute Idee, dich aus deiner ‚Ich-wär-am-liebs-ten-unsichtbar-Ecke' herauszuholen. Jonas, mal ehrlich: Es ist doch nur eine Klassensprecherwahl! Ich dachte, wenn du siehst, dass die anderen dich mögen und dir was zutrauen, dann …" Sie stockt.

Auf einmal ist meine Wut verraucht. „Was dann?", frage ich ruhig. „Dachtest du, dann macht es mir nichts mehr aus, wenn ich ausgelacht werde?"

Mali seufzt. „Aber das tut keiner. Du hast ja wohl gerade selbst gesehen, wie beliebt du bist. Hallo? Du bist zum Klassensprecher gewählt worden, Jonas!"

„Nur, weil Fabian ein Idiot ist", schniefe ich.

„Quatsch!", sagt Mali grob. Sie schiebt sich eine Haarsträhne hinters Ohr und zögert einen Moment lang. „Außerdem", fügt sie dann vorsichtig hinzu, „hättest du ja ablehnen können, oder? Warum hast du nicht gesagt, dass du nicht willst?"

Jetzt hat sie mich. Genau das frage ich mich nämlich auch schon die ganze Zeit.

„Ach, das wäre noch peinlicher gewesen", versuche ich auszuweichen.

„Nö, wäre es nicht!" Mali schüttelt den Kopf. „Frau Würmlein hätte es bestimmt verstanden. Sie weiß schließlich, wie du tickst. Also, warum hast du nicht abgelehnt?"

Ich sehe Mali in die Augen. Wenigstens zu ihr will ich ehrlich sein. „Ob du es glaubst oder nicht …", beginne ich langsam. „Ich konnte nicht. Es ging einfach nicht. Ich war – wie gelähmt!"

„Wie gelähmt?", wiederholt Mali verdutzt. Ihr Gesicht ist ein einziges Fragezeichen.

Ich nicke bloß stumm. Ich verstehe es ja selbst nicht. Es war fast unheimlich.

7. Kapitel
Vom Streiten und (fast) Versöhnen

Als ich meinen Eltern abends erzähle, dass ich zum Klassensprecher gewählt worden bin, sehen mich die beiden an, als hätte ich mich für die erste bemannte Raumfahrt zum Mars angemeldet.

„Na, das … äh … ist wirklich eine Überraschung", sagt Papa ungläubig.

Und Mama fragt: „Du hast dich aber nicht selbst vorgeschlagen. Oder, Jonas?"

Also bitte, das ist ja schon fast beleidigend. Anscheinend trauen mir meine Eltern echt überhaupt nichts zu!

„Nein, das war Mali", räume ich ein und beiße in mein Käsebrot.

„Aha", sagt Mama erstaunt. „Und damit warst du … einverstanden?"

„Ja, warum nicht?", nuschle ich mit vollem Mund, während ich mir jede Menge Radieschen auf den Teller lade. Irgendwie will ich nicht zugeben, dass ich mit Malis Aktion ganz und gar nicht einverstanden war und bloß aus unerfindlichen Gründen nicht imstande war, die Wahl abzulehnen.

Überhaupt: Mama und Papa tun so, als ginge ich normalerweise nur mit einer Tarnkappe zur Schule. Sooo schlimm ist es nun auch nicht mit mir! – Oder etwa doch?

Seit der Katastrophe an meinem ersten Schultag hat sich zumindest einiges getan. Obwohl das zugegebenermaßen die oberpeinliche Aktion schlechthin war. Als wir künftigen Erstklässler damals auf die Bühne der Aula gerufen wurden, habe ich mir die ganze Zeit, in der wir da vorne standen, meine Elefanten-Schultüte vors Gesicht gehalten. Ja, wirklich! So schrecklich fand ich es, dass uns alle anstarrten. Dabei weiß ich noch nicht mal, ob wir überhaupt angestarrt wurden. Ich habe ja nichts gesehen mit der Schultüte vor meinem Gesicht.

Und weil bei Einschulungen jeder eine Kamera in der Hand hält, gab es hinterher Hunderte von Fotos und Videos, die meine Blamage für die Nachwelt dokumentierten. Ehrlich, es vergeht bis heute kein Schulfest und keine Weihnachtsfeier, bei der nicht irgendeine fröhliche Mutti mich wieder darauf anspricht. Diese Schultüte-vorm-Gesicht-Geschichte klebt an mir wie der alte Kaugummi auf dem Boden unseres Klassenraums.

„Was musst du denn alles machen als Klassensprecher?", erkundigt sich Papa jetzt.

Das Thema Wahl scheint zum Glück abgehakt zu sein.

„Ach, so viel ist das gar nicht", winke ich möglichst lässig ab. „Nächste Woche findet ein Treffen aller Klassensprecher mit der Schulleitung statt. Da wird über das Schulfest gesprochen. Jedes Team muss erzählen, was in seiner Klasse geplant ist."

„Ihr sollt doch diese Elvis-Nummer aufführen, oder?", erkundigt sich Mama. Ich habe ihr gestern nach Tante Manishas Besuch mein Leid über unseren bevorstehenden Auftritt geklagt.

Oje, bloß nicht dran denken! Diese Oberkeule der Peinlichkeit wird mich noch früh genug treffen. Ich verdrehe die Augen und nicke.

„Wenn dir das so unangenehm ist, kannst du ja eure zweite Klassensprecherin, diese Luise, bitten, euer Projekt vorzustellen", schlägt Papa vor.

Ups, anscheinend hat Papa mein Augenrollen auf das Treffen mit der Schulleitung bezogen. Bevor ich das richtigstellen kann, braust Mama auf: „Was ist denn das für ein Vorschlag, Paul?!" An Mamas Hals bilden sich rote Flecken. „Vielleicht will dein Sohn, im Gegensatz zu dir, solchen Situationen nicht mehr ständig ausweichen! Vielleicht hat er sich ja gerade deswegen zum Klassensprecher wählen lassen!"

Papa und ich sehen Mama erschrocken an.

„Aber ich meinte doch nur ...", beginnt Papa.

Mama unterbricht ihn: „Ach, hör auf, Paul! Es ist völlig klar, was du sagen wolltest! Kaum traut sich zumindest unser Sohn mal aus der Deckung, da fällt dir nichts Besseres ein, als ihm Tipps zu geben, wie er sich schnell wieder davor drücken kann." Mama schnappt nach Luft. „Anstatt einfach stolz auf ihn zu sein!"

„Ich *bin* stolz auf Jonas", verteidigt sich mein Vater. „Und wie! Das weiß Jonas doch!" Er steht auf und macht Anstalten, ins Wohnzimmer zu gehen. „Das ist wirklich unfair, Nina!"

Da springt Mama auf. Ihr Gesicht ist puterrot. „Bleib hier, Paul!", brüllt sie. „Wir reden jetzt! Mir reicht es. Dieses ständige Wegducken! Bloß nicht unangenehm auffallen! Nur kein Streit!" Mamas Stimme bebt vor Zorn. „Seit Jahren nutzt dich dein Chef aus, und du lässt dir das gefallen. Deine Eltern zitieren dich zu jeder Tages- und Nachtzeit zu sich, und du machst dich brav auf den Weg. Die Trödels stellen ihren Wagen wieder und wieder dreist auf unseren Parkplatz, und du unternimmst nichts. Ach, ich könnte tausend Beispiele aufzählen … So geht das doch nicht weiter!"

Es ist, als wäre bei Mama ein Damm gebrochen. Ich sitze erschrocken da. So ausgerastet wie jetzt ist sie noch nie. Jedenfalls nicht, wenn ich dabei war.

Plötzlich scheint Mama zur Besinnung zu kommen. Sie schüttelt den Kopf und sieht mich bestürzt an. „Ach je, Jonas! Das war eigentlich nicht für deine

Ohren bestimmt. Es tut mir leid. Ich weiß auch nicht, was gerade in mich gefahren ist." Mama macht eine hilflose Handbewegung.

Papa tätschelt mir den Kopf. „Lässt du uns mal allein, Jonas? Mama und ich müssen in Ruhe miteinander reden. Mach dir keine Sorgen!"

Mama wirft mir einen Blick zu, der wahrscheinlich beruhigend sein soll. Dann verziehen sich die beiden ins Wohnzimmer. Ich bin froh, dass ich in meinem Zimmer verschwinden kann, werfe mich aufs Bett und versenke die Nase im Kissen. Auch die Ohren halte ich mir zu. Nach ein paar Minuten ist das aber gar nicht mehr nötig. Meine Eltern scheinen jetzt in normaler Laut-

stärke miteinander zu sprechen. Ich spitze die Ohren. Irgendwie will ich eben doch hören, was sie sagen.

Natürlich habe ich schon öfter erlebt, dass sich meine Eltern streiten. Ich meine, das ist ja normal, oder? Wobei Streit bei uns zu Hause eigentlich jedes Mal eher so aussieht: Meine Mutter wird laut und mein Vater leise.

Mali sagt, ihre Eltern keifen sich ständig lauthals an. Allein, um die Zwillinge zu übertönen, meint sie. Ihr scheint das Theater nichts auszumachen. Mir schon. Ich will nicht, dass meine Eltern streiten. Die sollen sich gut verstehen, rumalbern, miteinander lachen und so. Normalerweise klappt das auch. Aber heute scheint echt nichts normal zu sein. Es fing ja schon mit dieser seltsamen Klassensprecherwahl an …

Nach einer Weile rapple ich mich auf und trotte zum Schreibtisch. Ich muss noch meine Schultasche für morgen fertig machen. Als ich meinen Tuschkasten aus- und die Sportsachen einpacken will, fällt mir plötzlich das Khushi in die Hände. Das hatte ich total vergessen. Streng sehe ich es an. „Sag mal, du doofes Ding, was war denn das heute? Ich denke, du bist ein Glücksbringer! Hat bisher aber nicht so gut geklappt, oder?"

Ich stecke das Khushi zurück in die Tasche und schließe den Reißverschluss. Vielleicht versteht es ja nur Hindi …

Ich liege schon im Bett, als Mama leise in mein Zimmer kommt. „Ich wollte dir nur Gute Nacht sagen ..."

Schlaftrunken setze ich mich auf. „Habt ihr euch wieder vertragen, du und Papa?"

„Ja, natürlich, keine Sorge!" Mamas Gesicht liegt im Dunkeln. Sie scheint einen Moment nicht zu wissen, ob sie weitersprechen soll, aber dann tut sie es doch. „Weißt du", beginnt sie vorsichtig, „zu streiten und sich durchzusetzen, das muss man lernen, wie alles andere auch. In Papas Elternhaus, also bei Oma und Opa Weiß, da wurde so gut wie gar nicht gestritten. Jedes Problem wurde – husch, husch – unter den Teppich gekehrt. Vor allem durfte nichts davon nach außen dringen. Als ich deinen Vater kennenlernte, hat mich das wahnsinnig gemacht!" Mama schüttelt den Kopf. „Bei Oma und Opa hat sich an diesem Verhalten bis heute nicht viel geändert. Sie überlegen ständig, was ‚die Leute' sagen könnten. Anstatt mal auf den Putz zu hauen, wenn's nötig ist."

Weiß ich doch! Schließlich kenne ich Oma und Opa. Es ist immer unfassbar sauber bei ihnen, wie in einem Werbespot für Putzmittel. Alles blitzt und blinkt und duftet leicht nach Zitrone. Es gibt selbst gemachte Plätzchen oder frisch gebackenen Kuchen. Und wenn Opa aus dem Garten zum Kaffee reinkommt, zieht er schon draußen seine Gummistiefel aus, um bloß keinen Schmutz hereinzutragen. Keine

Ahnung, warum, aber irgendwie gefällt mir das. Also hin und wieder jedenfalls. Vielleicht, weil es ganz anders ist als bei Omama – so nenne ich Mamas Mutter – oder bei uns.

Mama streichelt mir über die Wange. „Papa und ich sind völlig unterschiedlich, das weißt du ja. Mir platzt schnell mal der Kragen und Papa … na, der ist eben die Ruhe selbst. Ab und zu knallt es dann halt …"

„So wie heute?", frage ich.

„Genau", sagt Mama und steht auf. „So wie heute."

„Und was macht Papa jetzt mit den Trödels und mit seinem Chef und so?", will ich wissen.

„Das ist seine Sache", entgegnet Mama entschieden. „Ich mische mich da nicht mehr ein."

Puh! Nach ganz großer Versöhnung klingt das aber nicht gerade …

8. Kapitel
Es wird immer verrückter

Frau Würmlein scheint gestern den gesamten Nachmittag Elvis-Presley-Videos auf YouTube geschaut zu haben. Jedenfalls ist sie voll im Rock-'n'-Roll-Fieber! Falls es überhaupt noch eine winzige Chance gab, unsere Lehrerin von ihren ehrgeizigen Plänen abzubringen, ist sie jetzt hin. (Also die Chance, nicht Frau Würmlein.)

In der Klasse hält sich die Begeisterung für unseren Auftritt nach wie vor in Grenzen. Außer bei Ayla. Die hat schon ein paar Mal angekündigt, dass sie bei einer Castingshow mitmachen will. Sobald sie ihre Eltern überredet hat. Ansonsten stehen die Zeichen in der Klasse eher auf Meuterei.

In der Pause rücken Max, Yunus und Emma bei Luise und mir an und fordern uns auf, „irgendwas zu unternehmen". Langsam, aber sicher ahne ich Schreckliches: Mein erster Einsatz als Klassensprecher droht. Luise und ich sollen Frau Würmlein klarmachen, dass wir uns nicht in Elvis-Clowns verwandeln wollen.

Trotz meiner aufsteigenden Panik habe ich eine gute Idee: „Lass uns Frau Würmlein vor der Klasse abfangen und erst mal allein mit ihr reden", schlage ich Luise vor. „Das ist besser!"

Vor allem besser für mich.

Bei der Vorstellung, vor der versammelten Mannschaft den Zwergenaufstand zu proben, wird mir nämlich schon jetzt ganz flau. Zum Glück ist Luise einverstanden. Aber als wir nach der Pause vor dem Zimmer auf Frau Würmlein warten, ist mir trotzdem schlecht. Wie konnte ich nur so dämlich sein, mir Aktionen wie diese aufzuhalsen? Warum habe ich mich zum Klassensprecher wählen lassen? Ich kapiere es immer noch nicht.

Als Frau Würmlein um die Ecke biegt, würde ich am liebsten wegrennen oder mich in der Garderobe zwischen den Jacken verstecken. Doch das wäre ja nun wirklich der Gipfel der Peinlichkeit!

Und dann ist es eigentlich halb so schlimm: Obwohl Luise und ich anfangs beide ziemlich herumstottern, kriegen wir unseren Auftrag prima gebacken. Wir schaffen es, Frau Würmlein zu verklickern, dass die Klasse die Elvis-Nummer nicht will. Jedenfalls nicht so, wie Frau Würmlein sich das vorgestellt hat.

Unsere Lehrerin sieht ein kleines bisschen betrübt aus. „Also gut." Sie nickt. „Ich kann euch verstehen. Es spricht ja nichts dagegen, das Ganze zu vereinfachen. Aber der Auftritt soll für euch auch eine kleine Herausforderung sein. Lasst uns mal überlegen, wie wir beides unter einen Hut kriegen und die Nummer so abwandeln, dass alle Spaß daran haben."

Wie wär's mit … äh … komplett eindampfen?

Das sage ich natürlich nicht. Ich sage: „Tanzen und Singen gleichzeitig, das ist einfach zu schwer."

„Da können wir uns echt nur blamieren!", unterstützt mich Luise.

„Hm, verstehe." Frau Würmlein überlegt. „Ich schlage vor, dass wir uns auf das Tanzen beschränken und die Musik einspielen. Was meint ihr? Kriegen wir das hin?"

Luise und ich sehen uns an, dann nicken wir. Das müsste klargehen.

„Können wir darüber in der Klasse abstimmen?", frage ich.

„Gute Idee." Frau Würmlein lächelt mich an. „Das machen wir!"

Zum Glück ist die Mehrheit mit dem Vorschlag einverstanden. Auf das Tanztraining scheinen einige sogar richtig Lust zu haben. Frau Würmlein strahlt bereits wieder übers ganze Gesicht.

In der anschließenden Sportstunde lernen wir unsere Klassenlehrerin dann von einer neuen Seite kennen: Wanda Würmlein tanzt wie ein Showstar! Zu Elvis' „Jailhouse Rock" fegt sie derart durch die Turnhalle, dass es uns die Schuhe auszieht. Wow! Wer hätte das gedacht? Alle applaudieren und johlen begeistert.

„Das war echt super!", kreischt Ayla. „Wo haben Sie
denn so toll tanzen gelernt?"

Frau Würmlein errötet vor Stolz. „Ein Kurs nach
dem anderen", keucht sie. „Schon während meines
Studiums: Boogie-Woogie, Rock 'n' Roll, aber auch
Hip-Hop und Videoclip-Dancing … das ganze Programm. Ich tanze einfach für mein Leben gern!"

Ehrlich gesagt: Bei mir haben Frau Würmleins be-
eindruckende Tanzkünste nackte Panik ausgelöst. Das
kriegen wir doch nie hin! Nicht mal annähernd. Vielleicht hätten wir uns lieber aufs Singen beschränken
sollen? Oje, was habe ich uns da nur eingebrockt?!

„Keine Angst!" Frau Würmlein lächelt in die Runde. „Ich wette, dass ihr schon am Ende dieser Stunde

die Grundschritte und vor allem den Rhythmus des Rock 'n' Roll beherrscht! Ihr werdet sehen: Das macht Spaß und ist ein tolles Fitnesstraining. Durch das ununterbrochene Hüpfen kommt man ordentlich ins Schwitzen." Sie schmunzelt. „Keine Sorge, wir üben keinen Paartanz ein. Rock 'n' Roll kann auch in der Gruppe getanzt werden, als Formation oder im Kreis. ‚Jailhouse Rock' spielt ja im Gefängnis. Und da gibt's keine Paare …" Unsere Lehrerin klatscht in die Hände. „So, stellt euch mal in einer Reihe auf!"

Wir machen, was Frau Würmlein sagt. Es bleibt uns schließlich nichts anderes übrig.

„Schaut her, ihr hüpft leicht auf der Stelle und schwingt dann ein Bein nach vorn, zweimal das rechte, dann das linke, dann einmal mit geschlossenen Beinen hüpfen – und alles von vorn!"

Sie zeigt es uns wieder und wieder. Die meisten eifern ihr begeistert nach, besonders die Mädchen. Ich schiele zu Mali und Ayla hinüber und spüre einen Anflug von Neid. Na ja, ehrlich gesagt ist es mehr ein Ansturm als ein Anflug … Bei den beiden sieht das schon richtig gut aus. Auch Cem ist gar nicht schlecht. Mensch, wie machen die das nur?

Ich selbst habe mich wie üblich in die letzte Reihe zwischen Yunus und Leon verdrückt. Wenn ich mich bei unserem Auftritt dunkel anziehe und hinten bleibe, falle ich wahrscheinlich wirklich kaum auf. Vielleicht kann ich mich noch zusätzlich hinter Malte platzieren? Der ist nämlich ziemlich breit. (Okay, das klingt jetzt ein bisschen gemein, ist aber nun mal so.) Dann bin ich quasi unsichtbar.

Ich lasse meinen Blick durch die Halle schweifen. Wenigstens bin ich nicht ganz allein mit meinem Unglück. Auch bei einigen anderen sehen die Bewegungen nicht gerade locker aus.

„Hey, das macht echt Spaß! Oder, Jonas?", brüllt Mali mir quer durch den Raum zu.

Mist, warum muss sie denn mit ihrem Geschrei die Aufmerksamkeit auf mich lenken? Alle starren auf einmal zu mir! Natürlich verhaken sich augenblicklich meine Beine. Jetzt sehen meine Bewegungen noch weniger nach Rock 'n' Roll aus, sondern so, als hätte ich gerade Laufen gelernt … Ich fühle schon, wie mir die Röte ins Gesicht schießt, und bin heilfroh, als Frau Würmlein die wummernde Musik abstellt.

„Kleine Pause!", verkündet sie.

Erleichtert lassen sich alle zu Boden plumpsen.

„Gut macht ihr das", lobt uns Frau Würmlein. „Wirklich! Ihr werdet sehen: Das wird ein richtig toller Auftritt! Mit diesen Schritten und einigen ganz einfachen Figuren üben wir eine Choreografie ein, die jeder von euch schafft. Versprochen! – Und mit denen, die sich ein bisschen mehr zutrauen, werde ich eine kleine Solo-Nummer einstudieren. Keine Sorge, gar nicht schwer. Einige von euch kriegen das ja schon jetzt prima hin." Frau Würmlein schaut uns aufmunternd an. „Also, wer von euch hat Lust, eine etwas aufwendigere Tanz-Performance zu lernen? – Finger hoch, nur Mut!"

Natürlich ist Aylas Arm als erster oben. War ja klar. Auch Mali meldet sich. Ich sehe mich um. Ob sich einer der Jungs traut? Tatsächlich, Cem will ebenfalls mitmachen. Obwohl er sich dafür bestimmt von Max und Leon ein paar doofe Sprüche anhören muss … Ganz schön mutig!

Frau Würmlein ist ausnahmsweise nicht zufrieden. „Vier sollten es schon sein. Einer oder eine fehlt noch. Freiwillige vor, bitte!"

Zur Abwechslung bin ich mal völlig entspannt. Frau Würmlein wird niemanden zu dieser Solo-Nummer zwingen. Das würde sie nie tun! Dazu ist unsere Lehrerin viel zu nett. Aber – ups! – warum schaut sie mich denn plötzlich so an? Warum … schauen mich ALLE plötzlich so seltsam an?

„Oh, Jonas!", ruft Frau Würmlein und in ihrem Ton schwingt ein gewisses Erstaunen mit. „Das ist ja toll, dass du dich meldest!"

Melden?! Ich melde mich doch nicht! Keine zehn Pferde könnten mich dazu bringen, mich für diesen Solo-Tanz-Albtraum freiwillig zu melden …

Mali strahlt mich an. „Na, so was! – Super, Jonas! Dann können wir zusammen üben."

Üben?! Was denn üben?

„Du kannst deinen Arm jetzt runternehmen, Jonas", sagt Frau Würmlein.

Meinen Arm runternehmen? Wieso? Ich habe ihn doch gar nicht … Ich schaue zur Seite – und erstarre vor Schreck. Was macht der Arm denn da oben in der Luft?! Um Himmels willen, ich melde mich tatsächlich! Das gibt's ja wohl nicht. Krampfhaft versuche ich, meinen Arm zurückzuziehen. Aber er bewegt sich kein Stück. Sosehr ich mich auch konzentriere, es geht einfach nicht. Mein eigener Arm gehorcht mir nicht.

Die anderen starren mich an, als würde mir gerade eine zweite Nase mitten aus dem Gesicht wachsen. Kein Wunder! Es ist bestimmt eine höchst seltsame Vorstellung, die ich und mein Arm da bieten … Hilflos muss ich mit ansehen, wie Frau Würmlein meinen Namen unter denen von Mali, Ayla und Cem fein säuberlich in eine Liste einträgt. Erst dann fällt mein Arm herab, als hätte plötzlich jemand die Luft rausgelassen.

„Wunderbar!" Frau Würmlein strahlt wie ein Honigkuchenpferd. „Wir haben unser Solo-Quartett zusammen. Danke, dass ihr vier dabei seid."

„A-a-aber", stottere ich, „ich wollte doch gar nicht. Ich meine, ich-ich …"

„Dass du dabei bist, freut mich ganz besonders, Jonas", lobt mich Frau Würmlein. „Super, wie du in letzter Zeit über deinen Schatten springst! Erst wirst du Klassensprecher und jetzt machst du auch noch bei unserer Solo-Nummer mit." Sie nickt mir anerkennend zu.

Ich schlucke. Das ist ja wie in einem Albtraum! Wann werde ich denn endlich wach?! Ich muss das hier beenden, aufklären. „Aber …", setze ich erneut an.

Doch da ertönt die Klingel: Pause! Wie üblich springen alle auf und ehe ich mich's versehe, hat auch Frau Würmlein ihre Siebensachen zusammengepackt und ist verschwunden.

Nur ich hocke noch immer auf dem Boden der Turnhalle und stütze den Kopf in die Hände. Das darf doch alles nicht wahr sein …

9. Kapitel
Probe für die Solo-Nummer

Als Mali am Nachmittag bei uns klingelt, befinde ich mich nach wie vor in einer Art Schockstarre.

„Was soll denn das heißen, du hast dich gar nicht selbst gemeldet?" Mali mustert mich, als hätte ich nicht mehr alle Tassen im Schrank. „Ich hab es doch mit eigenen Augen gesehen: Frau Würmlein hat gefragt, wer noch bei der Solo-Nummer mitmachen möchte – und dann ging dein Arm hoch. Oder etwa nicht?"

„Jaja, schon", gebe ich zu. „Aber das passierte einfach, ohne dass ich es gesteuert habe. Kapier doch endlich, Mali: Ich wollte mich nicht melden. Mein Arm ging ganz von allein nach oben."

Mali beugt sich so weit vor, dass sie fast von meinem Schlafsofa rutscht. Ihre Augen sind groß und rund wie Teetassen. „Willst du damit sagen, du warst – wie ferngesteuert?", raunt sie ungläubig.

Ich nicke heftig. „Ich verstehe es ja selbst nicht. Irgendwas ist vorhin mit mir passiert. Genau wie bei der Klassensprecherwahl gestern. Da wollte ich auch ablehnen und konnte es nicht." Ich seufze. „Oje, Mali, sei ehrlich: Meinst du, ich dreh durch?"

„Quatsch!", sagt Mali entschieden. „Du bist genauso normal wie ich."

Hm, das beruhigt mich jetzt nicht wirklich. Mali ist manchmal ganz schön durchgeknallt.

Sie grinst. „Nur im Moment bist du eben ein klitzekleines bisschen plemplem."

Sehr witzig!

Mali greift in die Tüte mit den Gummibärchen, die sie mitgebracht hat. „Aber es stimmt schon: Du traust dir gerade Sachen zu, an die du vorher nicht mal im Traum gedacht hast. Warum auch immer. Und kaum hast du die Dinge ins Rollen gebracht, packt dich die große Panik und du willst am liebsten alles wieder rückgängig machen. Das kennt doch jeder, oder?" Mali lehnt sich zurück. „Also, für mich klingt das ziemlich normal."

Abgesehen davon, dass ich mir überhaupt nicht vorstellen kann, wovor Mali Panik haben könnte – so wie sie es beschreibt, ist es nicht. Es fühlt sich eher an, als würde jemand anders an meiner Stelle handeln. Mein eigener Wille scheint wie ausgeschaltet zu sein. Aber das kann ich Mali nicht erklären. Klingt ja auch wirklich komplett durchgeknallt, oder?

„Du könntest natürlich noch einen Rückzieher machen", sagt Mali in meine Gedanken hinein.

„Du meinst, ich könnte Frau Würmlein morgen verkünden, dass ich doch nicht mittanzen will?", frage ich. „Nachdem ich heute geschlagene fünf Minuten den Arm gehoben hab, als wir uns für das Solo melden sollten?!" Ich schüttle heftig den Kopf. „Nee, das wäre dann endgültig oberpeinlich. Da muss ich jetzt durch."

„Das ist die richtige Einstellung." Mali springt auf wie ein Flummi. „Komm, lass uns loslegen!"

Eigentlich wollten wir beide heute Nachmittag nämlich schon mal anfangen, unser Solo einzustudieren. Frau Würmlein hat uns die Schrittfolge dafür mit der Kamera aufgezeichnet. Und ehrlich gesagt ist mir die Ablenkung ganz recht: Ich will zumindest für eine Weile vergessen, was gerade Merkwürdiges mit mir passiert!

Den Mini-Film hat Frau Würmlein uns gemailt, sodass wir ihn uns auf Mamas Laptop anschauen können. Ich öffne das Mail-Programm und da blinkt die Nachricht mit Anhang schon auf.

„Mach mal Platz!" Mali drängt sich neben mich.

Zum Glück ist die Schrittfolge, die sich Frau Würmlein für uns ausgedacht hat, ziemlich kurz. Sie hat alles einmal in Zeitlupe aufgenommen und einmal in dem Tempo, in dem wir später tanzen sollen. Aber so ganz easy sieht es nun auch nicht aus – puh!

Nachdem Mali und ich uns die Zeitlupen-Version etwa hundertmal angeschaut haben, versuchen wir, die Schritte nachzutanzen. Am Anfang geht es noch etwas holprig und Mali ist natürlich, wie immer, viel besser als ich. Ich muss jedoch zugeben: Es macht auch Spaß! Vor allem, als wir die Musik dazu anstellen. „Jailhouse Rock" ist ja echt ein uralter Song, aber man kriegt automatisch Lust, sich zu bewegen! Geht gar nicht anders. Das hatte ich nicht erwartet.

Als wir die Abfolge halbwegs draufhaben, gehen wir rüber ins Schlafzimmer, um dort vor dem Spiegel weiterzuüben. Und damit fängt das große Prusten an. Denn jetzt ist alles seitenverkehrt und wir vertauschen ständig rechts und links.

„Das schaffen wir nie!", brüllt Mali, nachdem sie zum dritten Mal in die falsche Richtung gehopst und heftig mit mir zusammengeknallt ist.

„Wenn *du* das schon sagst …", keuche ich außer Atem, „dann kann *ich* ja gleich aufgeben!" Ich lasse mich aufs Bett plumpsen.

„Kommt nicht in die Tüte!" Mali zieht mich gnadenlos zurück vor den Spiegel. „Guck mal, das sieht doch gar nicht schlecht aus bei dir."

Ehrlich: Ich muss Mali recht geben. Vor dem Spiegel stelle ich mich sogar ein kleines bisschen besser an als sie. Malis Bewegungen wirken zwar nach wie vor viel lässiger und bei dem für Elvis typischen Hüftschwung komme ich mir total dämlich vor. Aber die Schrittfolge und die Drehungen habe ich im Gegensatz zu Mali schon fast perfekt drauf. Ich bin echt stolz! Wow, wer hätte das gedacht?!

Nach einer Weile steckt Mama den Kopf durch die Tür. „Na, ihr zwei, darf ich zusehen?"

Mama darf. Schließlich müssen wir uns an Zuschauer gewöhnen. Auch wenn ich am liebsten gar nicht darüber nachdenken würde, dass wir das Ganze hier irgendwann *aufführen* müssen …

„Na, dann mal los!" Mama setzt sich aufs Bett und schaut uns erwartungsvoll an.

Obwohl Mali und ich uns bei unserer kleinen Vorführung prompt verheddern, applaudiert Mama begeistert, als wir fertig sind. „Das sieht doch schon richtig gut aus!" Sie zwinkert uns zu. „Ich würde sagen, eine solche Anstrengung muss direkt belohnt werden. Wie wär's, wenn ich euch ein Eis im *Il Gelato* spendiere?"

Was für eine Frage! Im Handumdrehen haben Mali und ich den Laptop zugeklappt. Während ich mir in der Küche von Mama Geld geben lasse, holt Mali unsere Jacken aus meinem Zimmer. Dann kann es losgehen.

Das *Il Gelato* ist nicht irgendeine x-beliebige Eisdiele, sondern das beste Eiscafé der Stadt. Es ist total kitschig eingerichtet, mit roten Samtsesseln und Tischen aus rosa Marmor. Mali findet den Stil super. Mein Geschmack ist es nicht, aber solange das Eis derartig lecker schmeckt, ist mir egal, wie's hier aussieht.

Seufzend lassen wir uns in die Polster sinken.

„Puh, ich bin ganz schön kaputt von dem Rumge-hopse", sage ich.

Mali grinst. „Komm, Jonas, du musst zugeben, dass die Tanzerei Spaß macht …"

„Kann schon sein", grummle ich widerwillig.

Mali pufft mich in die Seite. „Du bist echt ein schwerer Fall, Jonas Weiß. Und ich hab keine Ahnung, was im Moment mit dir los ist. Aber ich find's lustig!"

Wir stecken die Köpfe in die Eiskarte. Allein die Namen der verschiedenen Eisbecher machen Appetit. Die Auswahl ist riesengroß, nur leider sind die meisten für uns zu teuer.

Da kommt schon die Kellnerin. „Na, was darf's sein?"

Die sieht aber ungeduldig aus. Dabei ist im *Il Gelato* heute gar nicht viel los. Ich werfe einen letzten Blick in die Karte. „Einen Pinocchio-Becher, bitte!"

„Den nehme ich auch", schließt sich Mali rasch an.

Kaum ist die Bedienung abgerauscht, bereue ich unsere vorschnelle Wahl. „Statt zwei Pinocchios hätten wir genauso gut einen Freundschaftsbecher bestellen können. Da ist mehr drin!"

„Stimmt." Mali nickt. „Aber jetzt ist es zu spät."

„Nö, wieso denn?" Kurz entschlossen stehe ich auf. „Ich sag vorne Bescheid. Das können die bestimmt noch ändern."

Mali sieht mir erstaunt nach, als ich mit raschen Schritten die Theke ansteuere. Und ich muss zugeben:

Ein bisschen wundere ich mich selbst. Noch letzte Woche wäre mir das megapeinlich gewesen … Wieso traue ich mich das plötzlich?

Tatsächlich ist es überhaupt kein Problem. Ohne zu meckern, ändert die Frau hinter dem Tresen unsere Bestellung im Computer. Wir kriegen unseren Freundschaftsbecher. Super!

Triumphierend drehe ich mich zu Mali um und hebe den Daumen.

10. Kapitel
Auge in Auge mit Marc PiDodo

Und dann sehe ich ihn. IHN! Marc PiDodo, den bekannten deutschen Rapper! Den Mann, der zurzeit ganze Stadien füllt!

Das kann nicht sein! Ich schaue noch mal hin. Doch, tatsächlich, er ist es. Er muss es sein. Das dunkle, lockige Haar verwuschelt, ein Basecap lässig auf dem Kopf, das weiße T-Shirt weit geschnitten und da, auf dem Arm, das Affen-Tattoo. Jetzt gibt es keinen Zweifel mehr. Allein daran hätte ich ihn schon erkannt. Das Tattoo von Marc PiDodo ist nämlich berühmt: ein Affe mit herausgestreckter Zunge auf dem Unterarm.

Mir ist heiß und kalt zugleich. Ich zittere vor Aufregung. Das ist der Wahnsinn: Marc PiDodo Superstar sitzt keine zehn Meter von mir entfernt, leicht versteckt in einer Nische unseres Eiscafés und schlürft in aller Seelenruhe einen Cappuccino. Unglaublich!

Mali wird umfallen. Sie ist ein Mega-Fan von Marc PiDodo. Obwohl sie noch nie auf einem Konzert von ihm war. Aber natürlich hat sich Mali jedes Album runtergeladen und über ihrem Bett hängt sogar ein Poster. Eins ist klar: Wenn ich Mali sage, dass der Typ hier im Café sitzt, wird sie komplett ausflippen. Garantiert!

Ich muss aufhören, ununterbrochen zu ihm rüberzustarren. Ich meine, so ein Star ist doch bestimmt froh, wenn er mal irgendwo in Ruhe abhängen kann. Nanu, was macht er denn jetzt? Warum hebt er die Hand? Mist, will der etwa zahlen? Oh nein, bitte nicht! Nachher verschwindet er, ohne dass Mali ihr Idol gesehen hat. Das darf keinesfalls passieren!

Marc PiDodo kramt seine Geldbörse hervor und fischt einen Schein heraus. Der wartet nicht mal, bis die Kellnerin bei ihm anrückt. Der will das Geld einfach auf den Tisch legen und verschwinden. Mensch, was mache ich bloß? Das hier ist eine einmalige Chance! Ich *muss* Marc PiDodo unbedingt aufhalten! Vor allem für Mali …

Ups, was passiert denn plötzlich mit mir? Mein Körper dreht sich und meine Beine setzen sich wie von selbst in Bewegung. Ich kann nichts dagegen tun. Gar nichts! Wie ferngesteuert laufe ich schnurstracks auf Marc PiDodo zu. Schritt für Schritt. Um Himmels willen! Was mache ich denn da? Bestimmt wird der gleich total sauer – und ich fliege hochkant aus dem *Il Gelato*. Lokalverbot lebenslänglich! Jetzt stehe ich direkt vor seinem Tisch. Hilfe!!!

Marc PiDodo blickt auf. Nicht begeistert, aber auch nicht unfreundlich. „Ja?“, fragt er.

„Ich …", beginne ich hilflos. Meine Stimme ist nur ein Krächzen. Mein Herz schlägt bis zum Hals. Ich muss irgendwas sagen, sonst hält der mich für bescheuert. „Ich …", setze ich erneut an.

„Möchtest du vielleicht ein Autogramm?", fragt der Rapper. Er lächelt und ich fühle mich gleich ein klitzekleines bisschen besser.

„Nein", stoße ich hervor. „D-d-das heißt: Ja, auch. Also, ein Autogramm wäre toll! Aber … äh … wäre es möglich, dass Sie … äh … dass du kurz zu uns rüberkommst?" (Bestimmt ist es total uncool, einen Rapper zu siezen.) „Mali, meine Freundin, die ist ein riesengroßer Fan von … äh … von dir. Das wäre eine Mega-Überraschung für sie!" Ich schnappe nach Luft, bevor ich atemlos hinzusetze: „Die würde ausflippen!"

Ich fasse es nicht: Habe ich, Jonas Weiß, der sich normalerweise nichts, aber auch gar nichts traut, gerade Marc PiDodo Superstar gebeten, an unseren Tisch zu kommen?! Anscheinend ja.

Der Rapper grinst jedenfalls. „Na, das will ich mir natürlich nicht entgehen lassen."

Ehe ich mich's versehe, ist Marc PiDodo aufgestanden. Er schiebt den Geldschein unter seine leere Tasse, tippt an sein Cap und blickt mich fragend an. „Wo sitzt ihr?"

„D-d-da dr-drüben!", stottere ich und gehe voran. Marc PiDodo folgt mir.

Marc PiDodo folgt mir!!!

„Jonas, wo bleibst du denn?", fragt Mali, als ich vor ihr stehe. „Unser Eis ist längst …"

Und dann sagt Mali gar nichts mehr. Mit offenem Mund starrt sie Marc PiDodo an wie einen Geist.

„Hi, Mali!", sagt der Rapper lässig und setzt sich zu ihr auf die Bank. „Dein Freund meinte, du würdest mich gern kennenlernen?"

Malis Mund klappt auf und zu wie bei einem Fisch, doch es kommt kein Wort heraus. Es ist das erste Mal, dass ich Mali sprachlos erlebe. Immerhin nickt sie stumm. Aber eins ist klar: Ich muss das Ruder übernehmen.

„Hast du ein Konzert hier?", frage ich und finde mich ziemlich cool, weil mir diese Frage eingefallen ist.

Marc PiDodo nickt. „Allerdings. Heute Abend in der Stadthalle. Ausverkauft."

„Super!", sage ich.

„T-toll!", wispert auch Mali. Sie starrt ihn noch immer an wie ein hypnotisiertes Kaninchen.

Plötzlich habe ich eine Idee. „Darf ich ein Foto machen? Also von dir und Mali zusammen?"

„Na logo!" Marc PiDodo grinst. „Aber gehen wir nach draußen, damit wir hier nicht so viel Aufmerksamkeit erregen."

Während ich vor der Tür mit zitternden Händen mein Handy aus der Tasche ziehe, rückt er ein Stück näher an Mali heran und legt ihr den Arm um die Schulter. Mali sieht aus, als würde sie gleich in Ohnmacht fallen.

„Cheese!" Ich drücke auf den Auslöser, gleich mehrmals hintereinander. Um ganz sicherzugehen. Wenn ich dieses Foto vergeige, bringt Mali mich um.

„Möchtest du auch?", fragt Marc PiDodo, als ich das Handy gerade wieder einstecken will.

„Was?"

„Ein Foto", sagt der Rapper. „Also ein Foto mit mir."

Ach so.

„Äh, ja klar!" Ich knuffe Mali unsanft in die Seite, um sie aus ihrer Verzückung zu lösen, und drücke ihr mein Handy in die Hand. Dann stelle ich mich neben den Superstar und schaue so lässig wie möglich in die Kamera. Es ist unglaublich!

„Cool", sagt Marc PiDodo. „Ich muss jetzt los. Soundcheck und so, ihr wisst schon …"

Mali und ich nicken, als wären Soundchecks für uns ebenfalls an der Tagesordnung.

Rasch schreibt Marc PiDodo noch seinen Namen auf zwei Autogrammkarten und gibt sie uns. Danach hebt er die Hand. „Ciao, war nett, euch beide kennenzulernen!"

„Ciao", flüstert Mali entzückt. Immerhin, sie hat ihre Sprache nicht komplett verloren.

„Danke, Marc!", rufe ich ihm nach. „Das … äh … war echt cool!"

Marc PiDodo blickt sich ein letztes Mal zu uns um und zwinkert mir zu. Im nächsten Moment ist er verschwunden.

Mali und ich bleiben sprachlos zurück.

11. Kapitel
Geheimnisvolles Khushi

„Kneif mich!", sagt Mali, als wir wieder am Tisch sitzen. „Damit ich begreife, dass das hier eben wirklich passiert ist!"

„Ist es", bestätige ich, ziehe den Becher mit dem halb geschmolzenen Eis zu mir heran und beginne zu löffeln. „Schließlich haben wir jede Menge Beweise." Ich tippe auf mein Handy.

Mali grabscht danach und vertieft sich in die Bilder. „Guck mal!", kreischt sie. „Ich und Marc PiDodo! – Unfassbar, oder?"

Ich nicke und zeige auf das Eis. „Willst du auch noch?"

Mali schüttelt den Kopf, als hätte ich ihr eine Schale gerösteter Ameisen angeboten. Die Begegnung mit ihrem Idol scheint ihr den Appetit verdorben zu haben. Mir soll es recht sein. Ich löffle eifrig weiter.

„Wieso ist er eigentlich an unseren Tisch gekommen?", fragt Mali auf einmal.

Ich hebe den Kopf. „Na, weil ich ihn darum gebeten hab", erkläre ich.

„Du hast WAS?", fragt Mali ungläubig.

„Wirklich." Ich nicke. „Ich hab ihn da sitzen sehen und dann ist es wieder passiert …"

„Was ist passiert?"

Ich schiebe die leer gekratzte Eisschale weg und schaue Mali in die Augen. „Ich hab Marc PiDodo in dieser Nische sitzen sehen. Wie ferngesteuert bin ich auf ihn zugegangen und hab ihn angesprochen. Ich konnte gar nicht anders. Es ist einfach passiert!"

„Einfach passiert!", echot Mali. „Mensch, Jonas, das ist unglaublich! Das hätte selbst *ich* mich nicht getraut. Aber *du*?! – Du steuerst mir nichts, dir nichts auf diesen Star zu und quatschst ihn an. Das passt überhaupt nicht zu dir!"

„Sag ich doch", murmle ich.

Wir schweigen einen Moment.

Plötzlich setzt sich Mali kerzengerade auf. „Ich hab's", keucht sie. „Es ist das Khushi! Das Khushi hat dich irgendwie verzaubert!"

„Quatsch!", sage ich.

„Kein Quatsch!", beharrt Mali. „Seitdem du diesen komischen Glücksbringer von deiner Tante mit dir herumschleppst, passieren all diese Dinge: Erst erklärst du dich bereit, Klassensprecher zu werden. Dann meldest du dich freiwillig für dieses Tanz-Solo. Und jetzt rückst du Marc PiDodo auf die Pelle." Mali starrt mich an. „Wenn du das Khushi bei dir hast, bist du ein anderer Mensch."

„Nein!" Ich schüttle energisch den Kopf. „Gerade zum Beispiel hab ich es gar nicht mit. Es liegt zu Hause in meinem Schulranzen."

Mali sieht mich stumm an. „Irrtum!", sagt sie dann. Wie in Zeitlupe fasst sie in meine Jackentasche und zieht das Khushi heraus.

Verblüfft betrachte ich das Püppchen. „A-a-aber ich hab es da nicht reingetan. Wieso …?"

„Ich war das", erklärt Mali. „Als ich vorhin unsere Sachen aus deinem Zimmer geholt hab, ist deine Schultasche umgefallen und das Khushi rausgekullert. Es sah irgendwie so … traurig aus. Darum hab ich es einfach schnell in deine Jackentasche gestopft, ohne nachzudenken."

Atemlos betrachten wir beide die kleine Figur in ihrer Hand.

„Glaub mir, Jonas", beschwört mich Mali. „Das Ding hat Zauberkräfte!"

„Blödsinn, so einen Hokuspokus gibt's nicht", sage ich. „Ich meine, das ist doch alles nur dummer Aberglaube." Ich sehe Mali an. „Oder?"

Mali zuckt die Achseln. „Das dachte ich auch. Aber es ist schon komisch, was dir in letzter Zeit passiert … Mensch, Jonas, du bist wie ausgewechselt!"

Ich nicke. Mali hat recht. „Tante Manisha hat allerdings behauptet, dass das Khushi Glück bringt. Bisher stiftet es eher Chaos."

„Na ja, wie man's nimmt", überlegt Mali. „Ich würde eher sagen: Das Khushi zwingt dich zu deinem Glück. Ob du es willst oder nicht."

„Glück nennst du das?", fahre ich Mali an. „Dass ich mich für lauter Dinge melde, die ich gar nicht machen will? Dass ich ständig ausbaden muss, was dieses komische Püppchen mir einbrockt?" Ich seufze.

„Jetzt übertreibst du", sagt Mali. „Klar, eigentlich wolltest du nicht Klassensprecher werden. Aber du machst deine Sache doch bisher echt gut. Überleg mal, das Gespräch mit Frau Würmlein habt ihr prima hingekriegt. Mit dem, was ihr erreicht habt, waren alle einverstanden, oder?"

Ich nicke widerwillig.

„Na bitte!", meint Mali zufrieden. „Und das Tanzen heute hat dir auch Spaß gemacht. Außerdem hast du dich viel besser angestellt, als du vermutet hast. Stimmt's?"

„Jaja, mag sein. Bei der Aufführung werde ich mich aber trotzdem garantiert grässlich blamieren."

„Wirst du nicht!", widerspricht Mali. „Weil wir bis dahin noch genug Zeit haben zu üben." Nach einer kurzen Pause fügt sie hinzu: „Das Ding heute mit Marc PiDodo, das hast du einfach super gemacht. Hey, das war das Abgefahrenste, was ich bisher erlebt hab, Jonas Weiß! Und das hab ich *dir* zu verdanken!" Mali beugt sich unvermittelt vor und drückt mir einen dicken Knutscher auf die Wange.

„Schon gut", wehre ich verlegen ab. Aber Malis Lob freut mich. Und das Beste daran ist: Sie hat recht. Die Aktion mit Marc PiDodo war echt der Hammer! Ob das Khushi mir nun dabei geholfen hat oder nicht – ich glaube, es wird Zeit, dass ich mal etwas unbescheidener werde …

12. Kapitel
Beim Abendbrot

Ich bin bestens gelaunt, als ich nach Hause komme. Natürlich brenne ich darauf, Mama die Fotos von Mali und mir mit Marc PiDodo zu präsentieren. Die wird bestimmt Augen machen, wenn ich von meiner Aktion berichte. Bereits im Treppenhaus ziehe ich mein Handy aus der Tasche und rufe die Bilder auf. Ich öffne die Wohnungstür und stürme direkt in die Küche. „Mama, stell dir vor: Ich …"

Nanu, Papa ist ja schon zu Hause. So früh kommt er doch sonst nie! Bei meinem Anblick fahren meine Eltern hoch. Mama versucht ein Lächeln. „Oh, Jonas, wir haben dich gar nicht gehört."

Ich kann fast riechen, dass die beiden sich eben gestritten haben. Es liegt spürbar Spannung in der Luft. Was ist denn hier los? Ob sich Herr Trödel mal wieder auf unserem Parkplatz breitgemacht hat?

Papa sieht mich entschuldigend an. „Du, Jonas, Mama und ich müssen noch was Berufliches besprechen. Dauert nicht lange. Dann machen wir Abendbrot, ja?"

Etwas Berufliches, aha! Ich nicke nur und stecke mein Handy zurück in die Tasche. Meine Freude ist verpufft. Ohne ein weiteres Wort verziehe ich mich in mein Zimmer. Die Tür lasse ich einen Spaltbreit offen. Ich will schließlich wissen, was los ist! Ob Papas fieser Chef wieder irgendeine Schweinerei ausgebrütet hat? Meine Eltern haben die Stimmen gesenkt, aber ich kann trotzdem halbwegs verstehen, was sie sagen. Und natürlich liege ich richtig mit meiner Vermutung.

„Das kannst du dem Miesmann auf keinen Fall durchgehen lassen, Paul", höre ich Mama sagen. „Der kann doch jetzt nicht einen anderen auf die Position hieven, die er *dir* fest zugesagt hatte." Mamas Stimme wird lauter. Sie klingt wütend. „Ich meine, du reibst dich seit Jahren für die Firma auf, machst Überstunden am laufenden Band! Und das zählt alles nichts?"

„Ich verstehe es ja auch nicht", sagt Papa niedergeschlagen. „Aber was soll ich denn tun? Er ist nun mal der Chef. Und vielleicht eignet sich der Möller-Dickhoff wirklich besser für die Position."

„Unsinn!", entgegnet Mama. „Ach, Paul ..." Ihre Stimme ist jetzt sanfter. „Du musst mit dem Miesmann reden. Natürlich vorsichtig, mit Fingerspitzengefühl. Aber du musst etwas tun!"

„Wahrscheinlich hast du recht", höre ich Papa unsicher antworten. „Obwohl ich nicht glaube, dass ein Gespräch etwas bringt." Seine Stimme hat nun einen fast bitteren Klang. „Ein Dr. Miesmann ändert seine Meinung nicht. Und morgen kriege ich sowieso keinen Termin bei ihm. Da kommt diese japanische Gruppe. Es geht um einen wichtigen Großauftrag für die Firma. Ich hab schon vor Wochen ein Konzept ausgearbeitet, mit dem wir unsere Chancen auf den Auftrag entscheidend verbessern können. Aber der Miesmann hat natürlich wieder alles abgeschmettert. Der Senior-Chef hat mein Konzept gar nicht zu sehen gekriegt. Es ist zum Verrücktwerden, wirklich!"

Kurz ist es ruhig. Vielleicht tröstet Mama ihn.

Dann spricht Papa weiter: „Dabei braucht die Firma den Auftrag dringend. Der Miesmann ist wegen des Besuchs der Japaner seit Tagen völlig von der Rolle. Die sollen nämlich sehr empfindlich sein. Der Ablauf ist bis ins Detail geplant: Erst finden die Verhandlungen statt, danach gibt es ein gemeinsames Mittagessen. Da darf kein falsches Wort fallen! Alles muss wie am Schnürchen klappen, bloß keine Alleingänge. Das hat uns der Miesmann unmissverständlich klargemacht."

„Es wird schon gut gehen, Paul", beruhigt ihn Mama. „Zu Alleingängen neigst du ja nun wirklich nicht …"

So wie Mama das sagt, klingt es nicht gerade wie ein Kompliment. Das scheint Papa auch zu merken. Ich höre ihn seufzen, dann wechselt er das Thema: „Na komm, lass uns Abendbrot machen. Jonas fragt sich sicher schon, was hier los ist. Ich decke eben den Tisch."

Beim Essen werden Dr. Miesmann und Papas geplatzte Beförderung mit keinem Wort erwähnt. Ich sage natürlich auch nichts dazu. Schließlich müssen Mama und Papa nicht unbedingt wissen, dass ich sie belauscht habe. Dabei hätten sie mir ruhig mal erzählen können, dass Papa damit gerechnet hat, befördert zu werden. Ich bin doch kein Kleinkind mehr und kann durchaus Dinge für mich behalten.

Bei Butterbrot und Gürkchen komme ich endlich dazu, den beiden von der Begegnung mit Marc PiDodo zu berichten. Ausnahmsweise darf ich sogar mein Handy an den Tisch holen und die Fotos zeigen. Sonst sind Handys beim Essen bei uns absolut tabu. Leider sind die Fotos, die Mali von dem Rapper und mir gemacht hat, ziemlich verwackelt. Kein Wunder, dass ihre Hände vor Aufregung gezittert haben! Aber immerhin sind wir noch einigermaßen zu erkennen.

Die Bilder, die ich von Mali und dem Rapper geknipst habe, sind dagegen echt gut. Mali strahlt in die Kamera, während Marc PiDodo neben ihr supercool und megalässig aussieht. Ob er diesen Blick vor dem Spiegel geübt hat? Bestimmt! Ich meine, wozu haben solche Typen Presseberater und so? Mensch, wenn wir diese Fotos in der Klasse zeigen, werden die anderen platzen vor Neid. Ayla ist ebenfalls ein ganz großer Marc-PiDodo-Fan. Da können wir richtig angeben!

Auch meine Eltern sind angemessen beeindruckt. Obwohl ich Papa an der Nasenspitze ansehe, dass er den Namen Marc PiDodo noch nie im Leben gehört hat. Aber das will er sich natürlich nicht anmerken lassen.

„Und du bist einfach zu diesem Typen rübergegangen und hast ihn gebeten, an euren Tisch zu kommen?", staunt Papa.

Ich nicke stolz. „Klar! Und er hat es sofort gemacht. Ich meine, der hätte ja auch total arrogant sein können. Schließlich ist Marc PiDodo ein Superstar!"

Das musste ich jetzt doch noch mal unterstreichen. Damit Papa wenigstens merkt, wen er da nicht kennt. Es ist nicht so, dass bei uns zu Hause nur Bach und Beethoven laufen. Mama hört Oldies, aber auch die aktuellen Charts rauf und runter. Papa hingegen legt am liebsten Free Jazz auf. Allerdings bloß, wenn Mama unterwegs ist. Die kriegt von dieser „Nerv-Musik" nämlich Ohrenschmerzen und behauptet sogar, dass ihre Zimmerpflanzen davon eingehen.

Lächelnd betrachtet Mama die Fotos auf meinem Handy. „Mali platzt ja fast vor Stolz. Süß!"

„Wirklich toll, dass du dich das getraut hast", lobt mich Papa. „Ich weiß gar nicht, was ich sagen soll. Mein Sohn wird richtig mutig!"

Papa zwinkert mir zu. Aber in seinem Blick liegt auch ein klein bisschen … ja, Wehmut. Bisher waren wir immer die Vorsichtigen in der Familie. Die beiden, die sich gern im Hintergrund halten und den anderen beim Leben zusehen. Und jetzt beginne ich plötzlich, mich zu verändern. Papa versteht vermutlich gar nicht, was da mit mir passiert. Ich verstehe es ja selbst nicht!

Soll ich Mama und Papa vom Khushi erzählen? Soll ich ihnen sagen, dass ich vermutlich nicht einfach so mit einem Mal mutig geworden bin, sondern nur, weil ich den Glücksbringer von Tante Manisha bei mir trage? Dass dieses komische Ding aus Stoff und Watte tatsächlich unerklärliche Zauberkräfte zu haben scheint, auch wenn das völlig absurd klingt? Oder erklären mich meine Eltern dann für verrückt?

Ach was! Mama und Papa werden mich ja nicht gleich auf meinen Geisteszustand untersuchen lassen. Schon hole ich tief Luft, um mit den seltsamen Ereignissen bei der Klassensprecherwahl anzufangen, als das Telefon klingelt.

Mama springt auf. „Ah, Manisha! Wie nett, dass du dich meldest." Mama plaudert ein Weilchen. Papa und ich hören mit halbem Ohr zu und vertilgen dabei die restlichen Gürkchen. Bevor Mama sich verabschiedet, fügt sie rasch hinzu: „Von Jonas soll ich dir übrigens noch mal vielen Dank für den tollen Glücksbringer sagen. – Wie bitte? – Ja, ich richte ihm aus, dass das Khushi nachts immer mit dem Kopf nach Osten zeigen muss, damit es neue Energie tanken kann." Mama verdreht vielsagend die Augen. „Tschüss, Manisha. Alles Gute!" Sie legt den Hörer auf und sinkt grinsend zurück auf ihren Stuhl. „Deine indische Cousine ist wirklich ein verrücktes Huhn, Paul!"

Papa nickt lächelnd. „Ja, ich weiß …"

Ich stehe abrupt auf und beginne, die Teller zusammenzuräumen. Nein, ich werde Mama und Papa heute nichts von Malis Vermutung erzählen. Es ist einfach zu schräg! Außerdem hat Papa im Moment andere Probleme. Das miese Verhalten von Dr. Miesmann und die Anspannung wegen des bevorstehenden Besuchs aus Japan sind mehr als genug. Papa soll sich nicht auch noch Sorgen um mich machen müssen.

Das Khushi werde ich heute Nacht aber auf jeden Fall Richtung Osten legen und morgen wieder mit zur Schule nehmen. Wir haben nämlich unsere erste Übungsstunde für den Solo-Tanzauftritt. Da darf mich nicht der Mut verlassen! Aber wo ist überhaupt Osten …?

13. Kapitel
Zweimal großer Auftritt

Khushi hin oder her: Als ich am nächsten Morgen neben Mali Richtung Turnhalle stapfe, ist mir ganz schön mulmig im Bauch. War es doch ein Fehler, mich für dieses Solo zu melden? Na ja, im Grunde habe ich mich gar nicht selbst gemeldet. Es ist einfach passiert.

Mali pufft mich in die Seite. „Jetzt mach dich mal locker, Jonas! Du kriegst die Schritte schon hin, keine Sorge. Gestern warst du ziemlich gut."

„Jaja, aber das war auch bei mir zu Hause. Und außer Mama hat keiner zugeguckt."

Mali sieht mich empört an. „Na, hör mal, *ich* hab zugeguckt!"

„Du zählst nicht richtig. Und das weißt du."

Mali grinst schief. „Ich nehme das mal als Kompliment."

Ist es ja auch.

„Habt ihr die Schrittfolge schon gecheckt?", meldet sich Cem plötzlich von hinten. „Also ich fand das megaschwer, hab bald aufgegeben."

„Na, dann darfst du dich auch nicht wundern", schaltet sich Ayla schnippisch ein. „Training ist schließlich alles! Obwohl ich sagen muss, dass ich die Choreo schnell draufhatte. Das ist doch wirklich easy, was sich unser Würmlein da ausgedacht hat."

Cem sieht ziemlich verdattert aus. Mali und ich wechseln einen kurzen Blick. Offensichtlich hält sich Ayla für die neue Miley Cyrus. Hoffentlich hat sie nicht vor, das Mali, Cem und mir die ganze Zeit unter die Nase zu reiben …

Obwohl sich die meisten aus unserer Klasse auch in der zweiten Übungsstunde nicht sonderlich geschickt anstellen und ein Großteil Elvis Presleys Tanzstil etwa so gut drauf hat wie Eisbären den Wiener Walzer, spornt uns Frau Würmlein tapfer an: „Suuuper! Das wird doch!", trötet sie immer wieder fröhlich in unser unrhythmisches Gehopse hinein. Aber ich werde das Gefühl nicht los, dass unsere Lehrerin sich insgeheim verflucht für ihr Vorhaben, unsere Klasse in eine Art *Dance Academy* zu verwandeln. Tja, selber schuld!

Eigentlich macht mir die Sache sogar richtig Spaß – bis Frau Würmlein urplötzlich in die Hände klatscht und ankündigt, dass die anderen sich jetzt ausruhen können, während sie mit uns vieren das Solo einübt. Wie bitte? Wir sollen hier vor der versammelten Klasse den Elvis machen? Ich dachte, wir würden das Solo in einer Extrastunde oder in der großen Pause allein üben. Ich wechsle einen Blick mit Cem. Selbst Mali wirkt nicht besonders begeistert. Nur Ayla ist bereit, hat angefangen sich zu stretchen und schaut Frau Würmlein erwartungsvoll an.

Unsere Lehrerin hat eine kleine Überraschung für uns: Aus ihrer Sporttasche zieht sie vier Perücken und streckt sie uns entgegen. Richtige Elvis-Haartollen! „Die sollen euch motivieren", sagt sie und strahlt.

Während ich noch überlege, ob es wieder mal angesagt ist, einen Zwergenaufstand anzuzetteln, hat Frau Würmlein bereits die Musik angestellt. Sie tanzt uns die Solo-Schrittfolge vor. Wow, bei ihr sieht das echt lässig aus! Wenn wir das bloß halb so gut hinkriegen, können wir mehr als zufrieden sein. Aber es bleibt keine Zeit für Selbstzweifel. Bevor wir protestieren können, ruft Frau Würmlein: „Und jetzt ihr! Auf geht's!" Dabei klatscht sie aufmunternd in die Hände.

Ich sende ein Stoßgebet an das Khushi: Bitte, bitte lass mich nicht im Stich! Bitte hilf mir, mutig und stark zu sein und mich nicht zu blamieren!

Dann nimmt das Schicksal seinen Lauf. Mehr oder weniger unbeholfen ahmen wir vier Frau Würmleins Tanzschritte nach. Auweia, das sieht bestimmt unmöglich aus! Ob der Rest der Klasse sich schon hinter uns vor Lachen auf dem Boden wälzt? Falls ja, kriege ich es nicht mit. Dazu ist die Musik zu laut. In meinem Kopf klingen nur noch Elvis Presleys Stimme und die dröhnenden Bässe. Ein schneller, starker Rhythmus, der mich irgendwann einfach mitreißt.

Ich komme gar nicht mehr dazu, darüber nachzudenken, ob ich mich hier gerade zum Affen mache.
Ein ums andere Mal wiederholen wir die Schrittfolge,
drehen uns, hopsen, wirbeln mit den Armen durch die
Luft. Und gleich noch mal von vorn! Ich bin schon
total außer Atem. Egal.

Allmählich werde ich sicherer. Ja, irgendwann kleben
meine Augen nicht mehr ununterbrochen an Frau
Würmlein. Ich höre auf, ihre Bewegungen möglichst
genau zu imitieren, sondern finde meinen eigenen
Rhythmus. Auch die anderen nehme ich kaum noch
wahr. Alles scheint zu fließen, ein Teil der Musik zu
werden. Als ich mich einmal kurz umdrehe, sehe ich
Malis lachendes Gesicht und Cems hochroten Kopf –

und ich merke, dass ich trotz der Anstrengung selbst lache. Wahnsinn, ich habe tatsächlich Spaß!

Irgendwann stellt Frau Würmlein die Musik aus und wir sinken keuchend zu Boden. Die Klasse applaudiert, einige johlen. Mali und ich grinsen uns an. Cem hebt die Arme wie ein Popstar. Bloß Ayla sieht unzufrieden aus. Keine Ahnung, was ihr schon wieder nicht passt. Ist mir auch egal.

Ich jedenfalls bin stolz auf mich. Das Khushi hat seinen Job erfüllt. Ich habe zwar nicht den leisesten Schimmer, wie es funktioniert. Aber eins ist klar: In Zukunft werde ich keinen Schritt mehr ohne meinen indischen Glücksbringer machen!

Als ich später mit Mali über den Schulhof gehe, bin ich noch immer höchst zufrieden mit mir. Schließlich war das eben in der Turnhalle so etwas wie mein erster halb öffentlicher Auftritt. Und ich habe ihn ohne größere Zwischenfälle gemeistert. Ich habe nicht mal darüber nachgedacht, ob ich irgendwie peinlich rüberkomme. Kaum zu glauben!

„Also, ich finde, wir waren ziemlich gut", sage ich zum wiederholten Mal, während ich krachend in meinen Apfel beiße.

Mali nickt grinsend. Plötzlich deutet sie quer über den Schulhof. „Guck mal, Ayla scheint das etwas anders zu sehen!"

Mit den Augen folge ich Malis ausgestrecktem Finger. Unter der großen Kastanie am Rande des Schulhofs stehen Ayla und Cem. Was ist denn zwischen den beiden los? Ayla redet wild gestikulierend auf Cem ein und er scheint immer kleiner zu werden. Irgendwie habe ich kein gutes Gefühl. Ohne lange nachzudenken, steuere ich energisch auf die zwei zu.

„Jetzt warte doch mal, Jonas!" Mali hat Mühe, mir zu folgen. „Willst du dich da echt einmischen?"

Sie klingt verblüfft. Kein Wunder, solche Aktionen waren ja bisher wirklich nicht meine Art. Aber das Khushi hat mich verändert. Eindeutig. Ich bin kaum noch aufzuhalten. Und das ist auch gut so! Jede Wette, dass Ayla Cem gerade gehörig herunterputzt. Ich habe das sichere Gefühl, das hat mit unserer Solo-Nummer zu tun. Also geht mich das durchaus etwas an.

Und tatsächlich: Ich habe mich nicht getäuscht.

„Ich lass mir jedenfalls nicht von dir meinen Auftritt verderben!", zischt Ayla Cem gerade an. „Dass das klar ist!"

Cem ist knallrot im Gesicht. „Na, hör mal", verteidigt er sich aufgebracht. „Das war doch nur 'ne erste Übung heute. Bis zum Auftritt ist noch massenhaft Zeit!"

„Pff!", macht Ayla. „Die geht schneller vorbei, als du denkst. Und dann stehen wir ruckzuck da auf der Bühne, vor der versammelten Schule – und du verbockst alles! Wie peinlich ist das denn?!"

„Jetzt hör aber auf, Ayla!", fahre ich dazwischen. „Klar, wir drei sind nicht so gut wie du. Wir trainieren eben nicht seit Jahren in irgendeiner Tanzschule. Trotzdem werden wir die paar Schritte schon hinkriegen!"

„Das hat man ja heute gesehen", ätzt Ayla. „Cem hat mich dreimal angerempelt. Ich bin völlig aus dem Tritt gekommen. Das war total daneben!" Sie verschränkt die Arme. „Am besten, Cem macht nicht mehr mit!"

Wie bitte? Spinnt die jetzt komplett? Ayla benimmt sich, als sollten wir vor dem englischen Königshaus auftreten.

„Mit dir will ich sowieso nix mehr zu tun haben!", schimpft Cem in Richtung Ayla und macht Anstalten zu gehen.

„Hiergeblieben!" Ich halte Cem an der Schulter fest. Und der bleibt vor lauter Verblüffung tatsächlich stehen. „Keiner von uns hört auf! Frau Würmlein braucht vier Leute für das Solo und wir haben uns gemeldet. Also lassen wir sie jetzt nicht im Stich."

„Aber ...", fährt Ayla auf.

Ich beachte sie gar nicht. „Hör zu, Cem: Mali und ich üben mit dir. Keine Sorge. Wir haben gestern schon damit angefangen. Zusammen ist das richtig lustig. Einverstanden?"

Unschlüssig blickt Cem zwischen Mali und mir hin und her. Schließlich nickt er und streckt Ayla dabei die Zunge heraus.

Doch die zuckt nur die Achseln und wendet sich zum Gehen. „Na, dann viel Spaß mit dem *Loser*!"

„Werden wir haben!", ruft Mali ihr nach. Sie schüttelt den Kopf. „Mensch, nimmt Ayla diese Tanzerei wichtig!"

„Sie ist ja auch echt gut", sage ich. „Kriegt sich schon wieder ein."

„Hoffentlich", brummelt Cem. Dann grinst er uns an. „Wann bekomme ich denn nun mein erstes Training?"

14. Kapitel
Khushi vermisst!

Auf dem Weg nach Hause knufft Mali mich zufrieden in die Seite. „Hey, das mit Ayla und Cem haben wir doch richtig gut hingekriegt."

„Du meinst wohl: *Ich* hab das gut hingekriegt!", verbessere ich sie. „Du wärst gar nicht erst zu den beiden rübergegangen."

„Hast recht. Also: Wenn *du* nicht eingegriffen hättest, dann hätte Cem das Solo geschmissen und Ayla würde auf *uns* rumhacken. So bleibt Cem der Sündenbock." Mali pfeift gut gelaunt vor sich hin.

Ich schüttle den Kopf. „Iiih, bist du gemein!"

„Dafür bist du ja jetzt der Rächer der Enterbten!", gibt Mali grinsend zurück. „Im Ernst, Jonas: Früher hättest du dir eher die Zunge abgebissen, als dich in einen Streit einzumischen."

Früher ist gut! Noch letzte Woche hätte ich all das für völlig undenkbar gehalten.

Mali kichert. „Egal, wie diese komische Zauberpuppe das macht. Mir gefällt der neue Jonas!" Sie bleibt stehen und mustert mich prüfend. „Sag mal, kann es sein, dass du dich sogar bunter anziehst? Dieses gelbe

Shirt hab ich noch nie an dir gesehen. Steht dir gut." Mali baut sich vor mir auf und richtet ihren Blick zum Himmel. Theatralisch stößt sie hervor: „Danke, liebes Universum! Durch das Wunder-Khushi hat mein bester Freund nicht mehr den festen Vorsatz, optisch mit dem Hintergrund zu verschmelzen."

Ich schiebe sie zur Seite. „Nerv nicht!", brummle ich.

Mali grinst nur.

Eine Weile laufen wir schweigend nebeneinanderher, dann streckt sie die Hand aus. „Gib mir das Khushi mal! Ich will es mir genauer anschauen. Vielleicht steckt da irgendein Sensor drin."

Ich schüttle den Kopf. „Nee, Quatsch! Das würde man ja fühlen. Das Ding ist ganz weich. Warte, ich zeig's dir." Ich wühle in meiner Tasche. Nanu, wo steckt es denn? Meine Suche wird hektischer.

„Was ist los?" Mali blickt mich fragend an.

„Das Khushi! Ich kann es nicht finden!"

Mali überlegt. „Vielleicht ist es noch in der Jacke, die du gestern im Eiscafé dabeihattest."

„Nein!" Schon spüre ich leichte Panik in mir aufsteigen. „Ich hab das Khushi nach dem Abendessen in meine Schultasche gelegt. Mit dem Kopf nach Osten, wie Tante Manisha es gesagt hat. Ganz sicher. Ich geh keinen Schritt mehr ohne das Ding!"

„Denkst du etwa …" Mali zögert. „Meinst du, es ist geklaut worden?"

„Nee, das kann mir nicht vorstellen. Besonders schön ist es ja nun wirklich nicht. Und außer uns weiß doch niemand, dass es Zauberkräfte hat. – Mensch, Mali, was mache ich denn jetzt? Ich brauche das Khushi!" Ich merke selbst, wie kläglich meine Stimme klingt. Verdammt, ich will nicht wieder der unsichere Jonas werden, der ich vor dem Khushi war! Der Typ, der sich immer im Hintergrund hält und dem sein eigenes Spiegelbild beim Zähneputzen peinlich ist ...

Mali packt mich an der Schulter. „Jetzt werd doch nicht gleich panisch. Überleg mal: Du hast heute ohne Probleme das Solo mitgetanzt, du warst sogar ziemlich gut. Du hast dich in den Streit zwischen Ayla und Cem eingemischt und hast verhindert, dass sie ihn fertigmacht. Und das alles *ohne* das Khushi im Gepäck!"

Ich nicke nachdenklich. Klar, das stimmt. Aber es ändert nichts daran, dass ich das Khushi brauche! Es gibt mir Sicherheit. Ach, ich weiß auch nicht ...

Ich schiebe Mali zur Seite. „Ich muss so schnell wie möglich nach Hause. Vielleicht hab ich das Khushi ja doch in meinem Zimmer liegen lassen. Oder meine Mutter hat es heute Morgen aus irgendwelchen Gründen aus meiner Schultasche genommen, als sie die Brotdose eingepackt hat." Ich spurte los. Kurz drehe ich mich noch einmal um und rufe: „Tschüss! Ich meld mich!" Das Letzte, was ich von Mali sehe, ist ihr Kopfschütteln. Dann bin ich schon um die Ecke gefegt.

Ich bringe die ganze Strecke im Laufschritt hinter mich. Um keine Zeit mit der Schlüsselsuche zu verlieren, drücke ich auf den Klingelknopf. Ich keuche wie eine Dampfwalze.

„Jonas, bist du das?", fragt Mama verwundert durch die Sprechanlage. Nachdem ich ein Ja ausgestoßen habe, macht sie auf.

Ich rase im Sturmschritt die Treppen zu unserer Wohnung rauf. Bitte, bitte, bitte lass das Khushi da sein!

Oben sieht mich Mama erschrocken an. „Was ist denn los? Bist du gerannt?"

Statt eine Antwort zu geben, stürze ich in mein Zimmer. Mama folgt mir. Ich blicke mich suchend um. „Hast du mein Khushi gesehen? Ich muss es heute Morgen vergessen haben!"

„Das Khushi?" Mamas Gesicht ist ein einziges Fragezeichen. „Bist du deswegen so aufgeregt? Weil du das Khushi suchst?"

„Weißt du denn, wo es ist?"

Mama nickt verwirrt. „Ja, Papa hat es mit ins Büro genommen. Er wollte es Jan zeigen, seinem Kollegen. Der fliegt nächste Woche nach Indien in den Urlaub und hat gefragt, was man von dort mitbringen kann. – Na ja, deswegen hat Papa das Khushi heute Morgen eingesteckt. Ich hab es aus deiner Schultasche geholt, als ich dein Pausenbrot eingepackt hab." Mama hebt die Hände und lässt sie wieder sinken. „Tut mir leid, dass wir dich nicht gefragt haben. Wir wussten nicht, dass es dir so wichtig ist."

„Schon gut, ich …" Plötzlich stockt mir der Atem. Erst jetzt wird mir die wahre Bedeutung von Mamas Worten klar. Ich fahre herum und starre sie entsetzt an. „Papa hat das Khushi wirklich mit ins *Büro* genommen?!"

„Ja, aber er bringt es heute Abend wieder mit", versichert Mama. Sie schaut mich besorgt an. Wahrscheinlich denkt sie, dass ich kurz vor einem Nervenzusammenbruch stehe. Und damit liegt sie gar nicht so falsch.

„Kommen heute nicht die Japaner?", frage ich kraftlos. „Wegen der Verhandlungen mit Dr. Miesmann?"

„Richtig." Mama nickt. „Deswegen war dein Vater auch ganz schön aufgeregt heute Morgen. Du hättest ihn sehen sollen … Na, wird schon schiefgehen!"

Wenn Mama wüsste, was sie da sagt … Ich stürze zur Tür und rufe: „Ich muss noch mal weg!"

15. Kapitel
Gefahr für Papa

Bevor Mama mich aufhalten kann, habe ich die Tür hinter mir zugeknallt und jage die Treppe herunter. Ich muss zu Papa in die Firma, so schnell wie möglich! Ich muss verhindern, dass das Khushi seinen geheimnisvollen Zauber auch auf ihn ausübt! Schließlich sind Papa und ich uns total ähnlich. Wie ich geht er Konflikten am liebsten aus dem Weg und hält sich gern im Hintergrund. Was, wenn das Khushi Papa auf dieselbe Weise verändert wie mich? Oder bei ihm sogar noch stärker wirkt? Was, wenn Papa wie ferngesteuert in Dr. Miesmanns Büro trabt und seinem Chef die Meinung geigt? Ausgerechnet heute, wo diese ultrawichtigen Verhandlungen mit den Japanern stattfinden sollen. Sagt Papa da auch nur ein falsches Wörtchen, dann schmeißt ihn sein Chef doch hochkant raus! – Deswegen muss ich Papa warnen und das Khushi holen, bevor es großes Unheil anrichtet …

Ich renne und renne, spüre den Schweiß zwischen meinen Schulterblättern den Rücken herunterrinnen. Egal! Alles egal! Hauptsache, ich komme nicht zu spät!

Zum Glück ist der Weg zu Papas Firma Sax & Co. nicht weit. Nach knapp zehn Minuten erreiche ich schnaufend das Werkstor.

Der Pförtner blinzelt mich neugierig an. „Na, junger Mann, wo soll's so eilig hingehen?"

„Zu meinem Vater, Paul Weiß", keuche ich. „Er arbeitet in der Abteilung von Dr. Miesmann. Papa hat wichtige Unterlagen zu Hause vergessen. Die bringe ich ihm."

„Unterlagen?" Jetzt blickt der Pförtner mich misstrauisch an. „Wo sind die denn? Du hast doch gar keine Tasche dabei."

Mist! Mist! Mist!

„Die sind … äh … auf einem Stick", erkläre ich geistesgegenwärtig und deute auf meine Hosentasche. „Hier drin!"

„Ah so, klar." Der Pförtner kratzt sich am Kopf. „Tja, allerdings ist die Gruppe schon beim Mittagessen, im Gästesaal der Kantine. Ich hab sie vor zehn Minuten rübergehen sehen. Heute ist ja die japanische Delegation zu Besuch."

Ach was!

„Und wie komme ich da hin, also zu diesem Gästesaal?", frage ich eilig.

Nachdem mir der Pförtner den Weg erklärt hat, spurte ich los. Als ich die schwere Eingangstür zum Kantinenbereich öffne, schlagen mir lautes Stimmengewirr und penetranter Essensgeruch entgegen. Ich tippe auf Sauerkraut mit Bratwürstchen. Na, der hohe Besuch im Gästesaal bekommt vermutlich etwas Edleres serviert. Es sei denn, die Japaner haben sich typisch deutsches Essen gewünscht.

Eine hilfsbereite Kellnerin zeigt mir, hinter welcher Tür sich der Gästesaal verbirgt. „Sei leise, wenn du hineingehst", bittet sie mich. „Da drin geht es heute um einen sehr wichtigen Auftrag. Aber die Stimmung scheint ziemlich frostig zu sein." Sie hebt die Schultern. „Das war nicht zu übersehen, als ich eben die Getränkewünsche abgefragt habe. Ist sicher besser, nicht einfach reinzuplatzen."

Auch das noch! Mein Mut sinkt. Wenn Papa heute wegen des Khushi-Zaubers irgendwas Falsches sagt, ist möglicherweise nicht nur sein eigener Job futsch. Dann geht vielleicht gleich die ganze Firma den Bach runter!

Auf Zehenspitzen nähere ich mich dem Gästesaal und spähe vorsichtig durch die große Glastür in den Raum. Rund um den langen Tisch sitzen neben Papa und Dr. Miesmann noch fünf Kolleginnen und Kollegen aus Papas Abteilung. Außerdem ist der Senior-Chef von Sax & Co. da, den ich bisher bloß von Fotos kenne, und natürlich die japanischen Geschäftsleute. Es sind vier Männer und zwei Frauen. Sie sind dunkel gekleidet, eher zierlich und wirken insgesamt ein bisschen steif. Ihre Gesichter verraten wenig.

Doch selbst auf die Entfernung erkenne ich, dass die Kellnerin recht hatte: Die Stimmung da drinnen wirkt echt nicht sehr entspannt. Nur der Senior-Chef von Sax & Co. am Tischende bemüht sich, Konversation zu machen. Er spricht etwas zu laut über das Wetter und den Straßenverkehr. Die Japaner antworten zwar auf seine Ausführungen kurz und höflich, aber danach wird es immer gleich wieder still und alle starren angestrengt vor sich hin. Puh, das ist ja kaum auszuhalten!

Ich versuche, Papa auf mich aufmerksam zu machen. Vielleicht kann ich ihn unauffällig rauswinken und ihm dann die Lage erklären?

Aber Papa schaut nicht in meine Richtung. Er blickt zum Senior-Chef, der gerade sein Glas erhoben hat. Nanu, was kommt denn jetzt? Ah so, die Suppe ist serviert und der Senior will den Startschuss zum Spachteln geben. Steif begrüßt er noch einmal offiziell die Gäste und wünscht guten Appetit. Alle greifen wie auf Kommando zu ihren Löffeln.

Und da passiert es!

Plötzlich rückt Papa seinen Stuhl zurück und steht auf. Er klopft mit dem Messer an sein Glas und lächelt freundlich in die Runde. „Bitte lassen Sie mich auch noch ein paar Worte sagen ..."

Oh nein! Mein Herz krampft sich zusammen. Um Himmels willen, was macht Papa denn da? Dr. Miesmann, der direkt neben Papa sitzt, scheint nicht weniger erschrocken zu sein. Er zupft an Papas Jackett und versucht ihn unauffällig dazu zu bewegen, sich wieder hinzusetzen.

Keine Chance! Im Gegenteil: Papa klopft seinem Chef scherzhaft auf die Finger. „Keine Sorge, Kollege, ich werde mich kurzfassen – ich höre ja schon Ihren Magen knurren wie ein ganzes Wolfsrudel!"

Oje, was redet Papa da?

Jetzt beugt sich einer der Japaner vor und nickt zustimmend. „Das habe ich auch gehört. Knurrt gefährlich wie Bär!"

Die anderen Japaner stoßen sich an und kichern hinter vorgehaltener Hand. Dr. Miesmann ist puterrot angelaufen und schnappt ungläubig nach Luft, wie ein Karpfen auf dem Trockenen. Papa scheint es nicht einmal zu bemerken. Keine Frage, der Khushi-Zauber hat ihn voll im Griff! Und ich kann nichts, gar nichts mehr tun, um ihn aufzuhalten!

Nun verbeugt sich Papa tief in Richtung der Japaner, die sich wieder beruhigt haben und ihn erwartungsvoll ansehen. Feierlich erhebt er sein Glas. „Liebe Gäste! Wir freuen uns wirklich sehr, dass Sie gekommen sind. Wenn Sie sich fragen, warum wir so blass um die Nase sind ... Das liegt daran, dass wir die letzte Nacht quasi durchgearbeitet haben und alle etwas nervös sind. Aber ich bin sicher: Nach einem guten Essen werden die Verhandlungen kräftig in

Schwung kommen. Zur Auflockerung zeige ich Ihnen jetzt ein schönes Ritual, das hierzulande ganz familiär ein gemeinsames Essen einleitet. Wenn Sie sich dazu bitte erheben und Ihre Tischnachbarn einmal bei der Hand fassen möchten?"

Während Dr. Miesmann, der Senior und sämtliche Kollegen Papa entgeistert ansehen und ich das Gefühl habe, gleich in Ohnmacht zu fallen, wirken die japanischen Gäste kein bisschen verwundert. Eifrig lächelnd beeilen sie sich, Papas Bitte nachzukommen. Den

anderen bleibt gar nichts weiter übrig, als ebenfalls aufzustehen und sich brav an den Händen zu fassen, bis alle Hand in Hand dastehen wie beim Kindergeburtstag.

Papa nickt zufrieden. „Sehr schön!" Er holt tief Luft. „Also, wer kann, spricht mit, ja?" Im nächsten Moment trompetet er laut und deutlich los: *„Piep, piep, piep, wir haben uns alle lieb! Jeder isst so viel er kann, nur nicht*

seinen Nebenmann. Hat er ihn dann doch gegessen –
Zähneputzen nicht vergessen!" Papa strahlt in die Runde.
„Das war's schon. Danke für Ihre Aufmerksamkeit.
Und nun: Guten Appetit allerseits!"

Kurz ist es ganz still im Saal. Dr. Miesmann und der
Senior-Chef sehen immer noch aus, als würde sie
gleich der Schlag treffen. Papas Kollegen stehen einfach
stumm mit offenen Mündern da. Auch die Japaner
wirken verblüfft.

Keine Sekunde länger kann ich das mit ansehen. Ich
ergreife die Flucht. Im Sturmschritt jage ich aus dem
Kantinengebäude, als wäre der Teufel hinter mir her.
Bloß weg hier, so schnell wie möglich! Ich bin zu spät
gekommen. Meine Warnung kann Papa nicht mehr
helfen. Das Khushi hat seinen Zauber schon entfaltet –
und zwar viel stärker als bei mir.

Die Folgen dieses peinlichen Auftritts mag ich mir
gar nicht ausmalen. Armer Papa! Wahrscheinlich wird
Dr. Miesmann ihn noch heute hochkant rausschmei-
ßen, weil Sax & Co. den Auftrag durch Papas Aktion
doch nicht bekommt. Ich meine, die Japaner wollen
bestimmt nicht mit einem Haufen von Verrückten
zusammenarbeiten. Papa weiß sicher gar nicht, wieso
er sich derartig danebenbenommen hat. Vermutlich
zweifelt er bereits an seinem Verstand. Oh Gott, ich
hätte schon beim Zusehen im Boden versinken können … Dieses verfluchte Khushi!

16. Kapitel
Ende gut, alles gut?

Zum Glück ist Mama nicht da, als ich nach Hause komme. Sie hätte mit Sicherheit eine Erklärung für meinen merkwürdigen Abgang vorhin erwartet. Aber so liegt nur ein Zettel für mich auf dem Küchentisch:

Lieber Jonas,

ich hoffe, bei dir ist alles in Ordnung?
Falls nicht, erreichst du mich auf dem Handy!!!
Dein Essen steht in der Mikrowelle. Ich bin jetzt
im Steckenpferd und gegen 19 Uhr zurück.

Kuss von Mama

Das *Steckenpferd* ist der Secondhand-Laden, den Mama gemeinsam mit ihrer Freundin Hanna betreibt. Früher bin ich oft nach der Schule direkt dorthin gegangen und habe meine Hausaufgaben da gemacht. Inzwischen bin ich nachmittags auch ganz gern mal allein zu Hause.

Heute fällt mir das Alleinsein allerdings schon nach kurzer Zeit schwer. Ruhelos tigere ich durch die Wohnung und male mir in den schrecklichsten Farben aus, was Papa wohl gerade bei Sax & Co. erlebt. Mir schießen immer neue Horror-Varianten durch den Kopf. Ob Dr. Miesmann ihn vor der versammelten Mannschaft herunterputzt? Ob er Papa anbrüllt? Hoffentlich nicht! Verdammt, warum habe ich vorhin nicht den Mut gehabt, einfach hineinzugehen und Papas Auftritt zu stoppen? Ich war wie erstarrt! Natürlich wären Dr. Miesmann und der Senior nicht begeistert gewesen. Aber alles, ALLES wäre besser gewesen als Papas unmöglicher Piep-Piep-Piep-Auftritt!

Ach, wenn ich wenigstens Mali die ganze Geschichte erzählen könnte. Mali hat heute Nachmittag nur leider Flötenunterricht und geht direkt danach zum Geburtstag ihrer Oma. Im Moment kann ich nichts weiter tun, als abzuwarten. Bis Papa nach Hause kommt und uns erzählt, dass er sich wohl eine neue Stelle suchen muss … Und alles bloß wegen Tante Manisha und ihrem verdammten Khushi! Und wegen mir. Weil ich es nicht geschafft habe, Mama und Papa von der merkwürdigen Zauberkraft der Puppe zu erzählen.

Die Stunden ziehen sich wie Kaugummi. Wieder und wieder schaue ich auf die Uhr. Schon fast sieben. Draußen dämmert es langsam und Papa ist noch immer nicht da. Ob er sich nicht nach Hause traut? Gut möglich. Ich seufze. Armer Papa!

Endlich höre ich Stimmen im Hausflur. Nanu, ist Papa nicht allein? Nein, Mama und Papa kommen gleichzeitig. Ob Papa ihr schon alles erzählt hat? Mir schnürt es den Hals zusammen …

Dann dreht sich der Schlüssel im Schloss. Als die Tür aufgeht, traue ich meinen Augen kaum: Mama hat rote Wangen und einen großen Strauß Rosen im Arm. Papa strahlt übers ganze Gesicht. „Hallo, mein Großer!", ruft er und zieht mich stürmisch in seine Arme. „Du kannst mir gratulieren!"

Wie bitte?! Ist Papa völlig verrückt geworden?

Mama legt die Blumen auf dem Küchentisch ab und strahlt mich ebenfalls an. „Stell dir vor, Jonas: Dein Vater ist heute befördert worden. Er ist jetzt stellvertretender Abteilungsleiter!"

Ich fasse es nicht. „Bei Sax & Co.?", frage ich ungläubig.

„Ja, natürlich! Wo denn sonst?" Papa lacht.

„Heißt das etwa, die Verhandlungen mit den Japanern haben geklappt?" Ich verstehe die Welt nicht mehr!

Mein Vater nickt aufgeregt. „Allerdings! Die Verträge sind bereits unterschrieben. Und der Senior-Chef hat gesagt, das hat die Firma allein mir zu verdanken. Mein Konzept, das der Miesmann vorher x-mal abgeschmettert hatte, hat die Japaner überzeugt. Dabei war die Stimmung bis zum Mittagessen auf dem Nullpunkt, sage ich euch …" Papa schüttelt den Kopf. „Vor lauter Angst, etwas Falsches zu sagen, hat kaum jemand auch nur ein Wort rausgebracht. Kein Wunder, so wie der Miesmann uns vorher geimpft hatte!" Papa rollt vielsagend mit den Augen. „Die Japaner waren völlig irritiert. Die dachten wahrscheinlich, da stimmt was nicht."

„Und dann?", frage ich weiter, obwohl ich die Antwort kenne.

Papa lacht. „Na ja, es wurde wirklich Zeit, die Stimmung ein bisschen aufzulockern, und plötzlich hatte ich eine Idee. Keine Ahnung, wie ich darauf gekommen bin und vor allem", er grinst schelmisch, „wie ausgerechnet ich den Mut aufgebracht habe, das durchzuziehen. Es passierte irgendwie ganz von selbst. Ich bin einfach aufgestanden, hab an mein Glas geklopft und …"

Mit zufriedenem Gesicht schildert Papa die Situation, die ich durch die Glastür beobachtet habe. Nur, dass ich das Entscheidende verpasst habe: Nachdem ich in Panik die Flucht ergriffen hatte, schlug die Stimmung im Gästesaal anscheinend komplett um. Die japanischen Besucher seien auf einmal nahezu ausgelassen gewesen, berichtet Papa. Woraufhin sich die deutschen Kollegen auch endlich entspannt hätten. Man habe sich über lustige Essensbräuche aus Deutschland und Japan unterhalten, herzhaft miteinander gelacht und nebenbei so einiges getrunken.

„Nach und nach hab ich das Gespräch wieder auf die Verhandlungen gelenkt und ganz nebenbei ein paar Ideen aus meinem Konzept einfließen lassen", erzählt Papa weiter. „Die Japaner zeigten sich sofort sehr interessiert und der Senior hat mich gebeten, meine Unterlagen zu holen. Ich hab sämtliche Zahlen, Fakten und Marktanalysen auf den Tisch gelegt. Tja, und das war's eigentlich schon. Die Vertragsverhandlungen liefen dann fast wie von selbst."

„Wirklich unglaublich!", sagt Mama kopfschüttelnd.

„Nicht wahr?" Papa grinst. „Ja, und kaum hatten sich die Japaner in bester Stimmung verabschiedet, hat der Senior-Chef mich und Dr. Miesmann in sein Büro gebeten. Ich dachte erst, jetzt kommt doch noch eine Standpauke oder Schlimmeres wegen meines eigenmächtigen Auftritts. Aber weit gefehlt! Der Senior hat mir auf die Schulter geklopft, sich bedankt und mir die Stelle des stellvertretenden Abteilungsleiters angeboten."

„Und was hat der Miesmann dazu gesagt?", erkundigt sich Mama. „Der wollte doch jemand anders auf die Stelle setzen."

„Richtig", entgegnet Papa. „Deswegen bin ich nach dem Gespräch mit dem Senior noch mal zu ihm ge-

gangen. Ich muss sagen, das war auch irgendwie merkwürdig …" Papa kratzt sich nachdenklich am Kopf.
„Eigentlich war ich nämlich schon auf dem Weg zum
Ausgang. Aber dann bin ich urplötzlich umgedreht
und zu Miesmanns Büro marschiert. Ich hatte das gar
nicht vor, versteht ihr? Jedenfalls hab ich ihm klargemacht, dass ich mir eine respektvolle und gute Zusam-
menarbeit wünsche, mit einem fairen Umgangston von
beiden Seiten." Papa grinst. „Glaubt mir, er hat verstanden, was ich damit meinte."

„Mensch, Paul!" Mama schaut Papa verwundert an.
„Was ist denn in dich gefahren? Ich erkenne dich ja gar
nicht wieder!"

Papa zuckt die Achseln. „Ehrlich gesagt verstehe ich
es selbst nicht. Und jetzt entschuldigt mich kurz." Er
klingt entschlossen. „Ich gehe mal eben rüber zu unseren lieben Nachbarn und bitte Herrn Trödel sehr höflich, sich in Zukunft einen eigenen Parkplatz zu mieten,
anstatt sich immer auf unseren zu stellen." Hocherho-
benen Hauptes stolziert Papa zur Tür hinaus.

Mama und ich sehen ihm mit offenen Mündern nach.

„Was sagt man dazu?", haucht Mama.

Als Papa nach einer halben Stunde noch nicht zurück
ist, wird Mama langsam unruhig. „Wo bleibt Paul
denn nur? Hoffentlich hat er mit den Trödels keinen
Krach angefangen."

„Na, hör mal", sage ich. „Du wolltest doch immer, dass Papa sich durchsetzt, und jetzt, wo er es tut, machst du dir gleich Sorgen."

„Du hast ja recht", gibt Mama zu. „Aber Streit mit Nachbarn kann richtig unangenehm werden."

Seelenruhig beiße ich in mein Käsebrot. Mich kann heute nichts mehr erschüttern. „Papa wird dem Trödel schon nicht den Kopf abreißen", sage ich kauend.

Und tatsächlich: Als Papa endlich zurückkommt, hat er nicht den Kopf von Herrn Trödel unterm Arm, sondern allerbeste Laune im Gepäck. „Stellt euch vor, die Trödels haben uns für morgen alle zum Karaoke-Abend eingeladen. Die Nachbarn von unten und die Hoffmanns von nebenan sind auch dabei."

„Ein Karaoke-Abend?!" Mama schüttelt lachend den Kopf. „Wie kommen die denn auf so was?"

„Die Trödels sind anscheinend richtige Karaoke-Fans", berichtet Papa. „Die machen das jeden Samstag. Das hätte ich auch nicht gedacht."

„Und? Ist dir eine passende Ausrede eingefallen, warum wir morgen nicht dabei sein können?", erkundigt sich Mama.

„Ausrede? Wieso Ausrede? Ich hab zugesagt!"

Mamas Augen werden groß und rund wie Teetassen. „Du hast WAS?"

„Na, zugesagt!", wiederholt Papa fröhlich. „Das wird bestimmt lustig. Was denkst du, Jonas?"

Ich überlege kurz. „Meinst du, ich darf Mali mitbringen? Dann könnten wir zusammen was von Elvis singen."

„Wir fragen die Trödels einfach", meint Papa. „Aber ich denke, das wird klappen."

„Super!" Ich nicke.

Mama sieht zwischen Papa und mir hin und her wie bei einem Tennismatch. „Kann mir bitte mal einer erklären, was hier vor sich geht?", fragt sie hilflos. „Jemand scheint heimlich meinen Mann und mein Kind ausgetauscht zu haben. Noch gestern wären die zwei am liebsten mit Tarnkappe durchs Leben gelaufen und heute wollen sie vor einem Dutzend Leute Karaoke singen. Ich erkenne die beiden nicht wieder."

Papa grinst verschmitzt. „Ehrlich gesagt weiß ich selbst nicht so recht, was heute mit mir los ist. Aber es fühlt sich gut an!"

Die ganze Zeit habe ich mit mir gerungen, ob ich Mama und Papa vom Khushi-Zauber erzählen soll. Doch jetzt platzt es einfach aus mir heraus: „*Ich* weiß es!"

Die beiden starren mich verwundert an. „Was weißt du?", fragt Mama.

Es hilft nichts, ich muss die Karten auf den Tisch legen. „Na ja, ich weiß, warum ich mir plötzlich mehr zutraue und nicht ständig fürchte, mich total zu blamieren", erkläre ich. „Also warum ich Klassensprecher geworden bin und mich für das Tanz-Solo gemeldet hab und warum ich den Mut hatte, Marc PiDodo anzuquatschen und …"

„Jaja, und warum das alles?", unterbricht mich Mama ungeduldig. „Nun sag schon, Jonas! Vielleicht kapiere ich dann auch, was in deinen Vater gefahren ist."

Ich sehe meine Eltern fest an. „Ob ihr es glaubt oder nicht: Es hängt mit dem Khushi zusammen. Der Glücksbringer von Tante Manisha, er hat Papa und mich … na ja … verzaubert!"

Ungläubig schüttelt Mama den Kopf. „Schatz, so etwas gibt es nicht. Ich meine, dass dieses indische Khushi irgendwelche Kräfte besitzt, ist doch reiner Aberglaube."

„Das hab ich auch gedacht. Aber es funktioniert", beharre ich. „Echt, Mama! Ich bin mir ganz sicher!"

Papa sieht nachdenklich aus. Dann sagt er zögernd: „Jonas könnte tatsächlich recht haben … Weißt du, Nina, ich hatte das Khushi doch heute mit im Büro – und alles, was vorgefallen ist, fühlte sich wirklich sehr merkwürdig an … Es war fast, als würde ich gar nicht selbst handeln, sondern als wäre ich von außen gesteuert …"

„Genau so war es bei mir auch!", rufe ich aufgeregt.

Und dann erzähle ich Mama und Papa endlich ganz in Ruhe, was mir alles passiert ist, seitdem Tante

Manisha mir das Khushi geschenkt hat. Ich lasse nichts aus. Die beiden hören mir gebannt zu. Sie unterbrechen mich kein einziges Mal.

„Aber das heißt doch, dass du heute in der Schule, als du dich für diesen Cem eingesetzt hast, das Khushi gar nicht dabeihattest, oder?", fragt Papa schließlich.

Ich nicke nachdenklich. „Ja, stimmt. Vielleicht bedeutet das wirklich, dass ich mich inzwischen auch von selbst mehr traue." Ich grinse. „Ganz ohne Khushi-Kräfte!"

„Genau wie ich!", wirft Papa ein.

„Wieso?", entgegne ich verwundert. „Du trägst das Khushi doch seit heute Morgen mit dir herum."

„Irrtum!" Papa grinst. „Im Moment hat mein Kollege Jan das Khushi. Ihr wisst schon: Jan ist der, der demnächst nach Indien reist. Ich hab ihn vorhin beim Rausgehen am Werkstor getroffen und ihm das Khushi gegeben. Er wollte es seiner Frau zeigen und bringt es mir am Montag wieder mit."

„Das heißt, als du eben bei den Trödels warst und für den Karaoke-Abend zugesagt hast, hatte das Khushi gar nicht die Hand im Spiel?", will Mama wissen. Anscheinend glaubt sie uns langsam.

Papa und ich sehen uns an und schütteln grinsend die Köpfe.

„Puh", sagt Mama. „Also, egal, ob es jetzt am Khushi liegt oder nicht, ich muss mich erst mal daran gewöhnen, dass euch beiden nichts mehr peinlich ist." Sie schlägt sich mit der Hand an die Stirn. „Da fällt mir ein: Was haben die Trödels eigentlich zu der Sache mit unserem Parkplatz gesagt, Paul?"

„Oh, Mist!" Papa wird rot bis unter die Haarwurzeln. „Tut mir leid, Nina, das hab ich völlig vergessen …"

17. Kapitel
Abschied vom Khushi

„Was meinst du, Jonas – wollen wir mit den Zwergen noch kurz auf den Spielplatz?", fragt Mali, als wir zwei Wochen später den Nachmittag bei ihr verbringen.

Ich werfe einen Blick auf die Uhr, dann nicke ich. Wir haben über eine Stunde Zeit, bis Cem zu unserem letzten gemeinsamen Tanztraining vor dem Schulfest anrückt. Seitdem Mali und ich zusammen mit Cem üben, hat Ayla mit ihrer Meckerei aufgehört. Natürlich ist sie noch immer die Beste von uns, aber das kratzt Mali und mich nicht. Und Cem sowieso nicht.

„Ich finde, unser Solo kann sich mittlerweile wirklich sehen lassen", sage ich zu Mali, während wir den Zwillingsbuggy auf den Spielplatz schieben. „Frau Würmlein ist jedenfalls zufrieden mit uns."

„Mehr als zufrieden", verbessert mich Mali. „Sie strahlt doch wie ein Honigkuchenpferd, wenn wir loslegen."

„Na ja, das heißt bei ihr nicht viel", sage ich trocken. „Das Würmlein strahlt ja eigentlich immer."

„Falsch!" Mali schüttelt energisch den Kopf. „Nach der allerersten Übungsstunde hat sie zu Herrn Lauterbach gesagt, dass sich Elvis im Grab umdrehen würde, wenn er sehen könnte, wie wir uns anstellen.“

Ich starre Mali ungläubig an. „*Das* hat das Würmlein echt gesagt? *Unser* Würmlein?“

„Allerdings.“ Mali nickt grinsend. „Das hab ich zufällig mitgekriegt. Ich hab's dir lieber nicht erzählt, weil du da noch so leicht zu verunsichern warst. Ich hatte Angst, du schmeißt alles hin.“

„War wahrscheinlich besser“, seufze ich. „Also, dass du es mir nicht erzählt hast. Sonst hätte ich nämlich wirklich versucht, irgendein Wundermittel aufzutreiben, mit dem man sich unsichtbar machen kann …“

„Na, das brauchst du ja jetzt nicht mehr“, sagt Mali vergnügt, während sie den Kinderwagen neben dem Sandkasten einparkt und das Spielzeug für die Zwillinge aus dem Buggy-Netz angelt. „Hier, ihr zwei. Ihr könnt losbuddeln.“

Die Zwerge tapsen begeistert davon und wir setzen uns auf eine Bank. Mali hat recht. Ich bin zwar immer noch nicht so cool wie sie (und das werde ich wohl auch nie werden), aber die Zeiten, in denen mir ständig alles peinlich war und ich mich am liebsten zehnmal am Tag unsichtbar gemacht hätte, sind endgültig vorbei.

Spätestens seit dem Karaoke-Abend bei den Trödels! Bei so viel grottenschlechtem Gesang und wilder Hopserei in quietschbunten Outfits war selbst mir irgendwann gar nichts mehr unangenehm.

„Papa hat übrigens vorgeschlagen, den nächsten Karaoke-Abend bei uns zu veranstalten", berichte ich Mali. „Er und Herr Trödel stimmen schon eifrig ihre Termine ab."

„Du meinst, dein Papa und Kalli", verbessert mich Mali grinsend.

Ich verdrehe die Augen. Zu später Stunde hat dann nämlich eine fröhliche Verbrüderung mit der gesamten Trödel-Family stattgefunden. Jetzt duzen wir uns alle.

„Meinst du, ich darf beim nächsten Mal auch wieder dabei sein?", fragt Mali.

„Na logisch!", sage ich. „Glaubst du etwa, ich singe einen einzigen Ton ohne dich?"

Statt Elvis Presley haben Mali und ich beim Karaoke doch lieber „99 Luftballons" von Nena zum Besten gegeben. Das erschien uns irgendwie leichter. Anschließend hat Mama zusammen mit Frau Trödel „We Are the Champions" von Queen geschmettert. Obwohl Frau Trödel, also Moni, behauptet, dass eigentlich die Songs von ABBA perfekt sind für Karaoke. Ich fürchte, wir werden in den nächsten Jahren sämtliche ABBA-Songs dieser Welt von ihr zu hören kriegen …

„Maaaali, Jooooni! Triiiiinken!", tönt es jetzt vom Sandkasten herüber. Mali holt die beiden Fläschchen aus dem Buggy und drückt sie den Zwergen in die Patschehändchen. „Hier, aber nicht in den Sand schmeißen!" Sie lässt sich wieder neben mich sinken. „Bin

gespannt, was dein Papa nächstes Mal singt. Ich finde
ja, er hat eine tolle Stimme!"

Das stimmt wirklich. Davon hatte ich vorher keine
Ahnung. Als Papa „She's the One" von Robbie Wil-
liams gesungen hat, hab ich richtig Gänsehaut bekommen – und Mama feuchte Augen. Auch wenn sie das
nicht zugeben wollte und Papa ihr die Tränen ganz
schnell weggeküsst hat. Was mir dann doch wieder ein
bisschen peinlich war.

„Leider hat man von Papas guter Stimme bei den spä-
teren Liedern nicht mehr viel gemerkt", sage ich grinsend.

„Allerdings!" Mali kichert.

Tatsächlich haben Papa und Kalli Trödel mit den anderen beiden Nachbarn am Schluss lauter Lieder von den Toten Hosen gesungen. Na ja, genau genommen haben die Männer eher gegrölt. Es war aber trotzdem schön, vor allem schön laut.

Eigentlich hatte Mama sich vorgenommen, an dem Abend mit den Trödels endlich über die Sache mit unserem Parkplatz zu sprechen. Ich glaube, sie ist irgendwie nicht dazu gekommen.

Das Khushi haben wir natürlich auch längst wieder zurückgekriegt. Papa hat seinen Kollegen danach ganz genau beobachtet. Aber Papa meinte, Jan hätte sich durch den Kontakt mit dem Khushi überhaupt nicht verändert. Was wahrscheinlich daran läge, dass es bei Jan absolut nichts zu tun gab. Dieser Jan ist nämlich total selbstbewusst. Der braucht genauso wenig ein Khushi wie Mama. Das Khushi wirkt eben nur bei Leuten, denen ein bisschen Unterstützung nicht schaden kann.

„Hat dein Vater jetzt eigentlich schon diese neue Stelle?", erkundigt sich Mali.

Ich nicke. „Gerade angefangen. Bisher läuft es gut, meint Mama."

Mali grinst. „Und der miese Miesmann?"

„Ach, der soll im Moment richtig zahm sein. Außerdem …"

„He, ihr zwei, könnt ihr euren Buggy da mal wegstellen? Der blockiert den ganzen Weg!", keift plötzlich eine Frau hinter uns.

Mali und ich wenden die Köpfe. Zwei Muttis steuern mit ihren Sprösslingen den Sandkasten an.

Die blonde Begleitung der Keiferin lächelt uns entschuldigend an. „Bleibt ruhig sitzen! Ich schiebe euren Wagen einfach ein Stückchen zur Seite."

„Oh, danke!" Mali und ich erwidern ihr Lächeln.

Die Keiferin schaut ihrer Freundin missbilligend zu, während ihr Sohn bereits Richtung Schaukel läuft. „Erster!", brüllt er und schubst den kleinen Sohn der Blonden grob zur Seite, sodass der unsanft auf seinem Hosenboden landet.

Na, den Bengel würde ich mir gleich mal vorknöpfen! Aber die Keiferin lächelt nur entzückt. „Nicht so wild, Johann!"

Mali und ich sehen uns an und verdrehen die Augen. Na super!

Die Nette sammelt ihren wimmernden Sohn ein. „Komm, Benni, dann backen wir jetzt einen Kuchen und du schaukelst später, ja?"

„Also wirklich, Anne, so lernt der Benni doch nie, sich durchzusetzen!", sagt die Keiferin mit strenger Stimme.

„Ach, das kommt schon noch", entgegnet die Nette halblaut.

Die Keiferin zieht die Augenbrauen hoch. „Wenn du meinst … Sag mal, hast du irgendwas zu essen dabei? Der Johann bekommt immer schnell Hunger."

„Ja, warte." Die Blonde springt sofort auf und kramt eifrig in einem großen Lederbeutel herum, der an ihrem Buggy hängt. „Ich hab Äpfel mit und Weintrauben."

Die Keiferin schüttelt unwillig den Kopf. „Von Äpfeln kriegt der Johann Durchfall und die Weintrauben sind doch bestimmt gespritzt …"

Die Nette bekommt rote Wangen. „Nein, nein, die sind bio und ich hab sie natürlich gründlich …"

Ihre Freundin winkt ungeduldig ab. „Ach nee, lass nur! Nächstes Mal bring ich selber was mit."

Mali und ich tauschen einen vielsagenden Blick. Ist das eine doofe Ziege! Warum gibt sich die nette Blonde bloß mit der ab?

Inzwischen hat die Keiferin das Thema gewechselt. „Sag mal, Franziska hat mir erzählt, du willst deine Bilder jetzt wirklich in dieser Galerie ausstellen?" Sie klingt ungläubig. „Stimmt das etwa?"

Die Nette lächelt entschuldigend. „Na ja, die Galeristin hat mich tatsächlich gefragt. Anscheinend mag sie meine Bilder und hält sie für verkäuflich. Aber ich bin noch unsicher …"

Die Keiferin nickt. „Da wäre ich an deiner Stelle auch sehr vorsichtig. Ich meine, stell dir vor, du blamierst dich am Ende …"

Die Nette senkt den Blick. „Das wäre schrecklich peinlich!" Sie sieht ihre Freundin hilfesuchend an. „Du würdest es also nicht machen?"

„Ehrlich gesagt ..." Die Keiferin stockt und scheint ernsthaft nachzudenken. „... nein!" Sie schürzt die Lippen. „Letztendlich musst du das natürlich selber wissen."

„Natürlich." Die Nette nickt entmutigt.

Mali und ich blicken uns empört an. Also wirklich, das ist ja nicht auszuhalten! Warum lässt sich die Nette denn derartig unterbuttern?! Ob ihr das öfter passiert? Bestimmt!

Plötzlich weiß ich, was zu tun ist. Es ist ganz einfach. Ich stoße Mali an. „Na komm, wir sollten langsam los!"

Mali nickt und rappelt sich hoch. Wir sammeln die protestierenden Zwillinge mitsamt ihrem Sandspielzeug ein und verfrachten sie in ihren Buggy. Während Mali den Wagen wendet, greife ich in meine Tasche. Ah, da ist ja, was ich gesucht habe ...

Als wir gehen, lächeln wir der Netten noch mal zu. „Tschüss!"

„Tschüss, ihr vier!" Sie hebt freundlich die Hand. Auf ihrer Wange erscheint ein kleines Grübchen.

Ich schiebe mich hinter Mali an dem Buggy der Netten vorbei. Am Griff baumelt der Beutel mit dem Obst. Mit einer einzigen schnellen Bewegung ziehe ich das Khushi aus meiner Tasche und lasse es unauffällig in den Beutel fallen. „Und nun streng dich an, liebes Khushi", murmle ich leise. „Hier gibt es wirklich eine Menge zu tun! Ich schaff den Tanzauftritt jetzt auch allein."

Mali dreht sich um. „Was machst du denn?"

Ich grinse sie an. „Nichts. Das heißt, ich musste noch rasch was erledigen …"

Mali blickt mich verwundert an. „Etwas Wichtiges?"

Oh ja!

Leseprobe aus:

Sigrid Zeevaert,
Weiberkram?

Schulausgabe erschienen im
Hase und Igel Verlag, München
ISBN 978-3-86760-127-6
Begleitmaterial für Lehrkräfte
ISBN 978-3-86760-427-7

Jasper seufzt. Es ist Nachmittag, er geht durch die Straßen und fühlt sich irgendwie fremd. Alles ist so schwierig und was er mit Anna-Lenas Einladung machen soll, weiß er auch nicht. Er kann doch nicht tagelang einfach so tun, als hätte er sie überhaupt nicht bekommen. Selbst wenn Pille und Jan ihre Witze darüber machen, muss er sich doch wenigstens dafür bedanken oder Anna-Lena sagen, dass er nicht kommen will. Dabei ist so eine Weiberparty vielleicht gar nicht so schlimm? Jasper hat ehrlich gesagt ja auch nicht vor, sein zukünftiges Leben immer nur mit Jungen zu verbringen.

Vor dem Schaufenster eines Juwelierladens bleibt Jasper stehen. Die Ringe mit den Diamanten gefallen ihm gut, aber wahrscheinlich sind sie nicht gerade billig. Schade, denn sonst hätte er einfach mal einen kaufen, ihn sich als Geschenk einpacken lassen und mit auf Anna-Lenas Geburtstagsparty nehmen können. Obwohl … Jasper schluckt. Noch lieber hätte er ihn woanders hingebracht. Wenn er sich nur endlich trauen würde!

– Leseprobe –

Mit den Händen in den Hosentaschen geht Jasper weiter, geht einfach die Straße hinunter, irgendwohin.

Ben würde es vielleicht genauso versuchen wie er. Ben ist jedenfalls nicht immer nur darauf bedacht, so zu tun, als seien ihm die Weiber egal. Obwohl er immer noch traurig ist wegen seiner Mutter, kann er nicht genug bekommen von Lina, in die er verknallt ist, auch wenn sie älter ist und einen Freund hat, der Tilman heißt und sie abholt und vor seinen Augen sogar küsst.

An einer Ampel bleibt Jasper stehen, wartet, bis sie auf Grün springt, geht weiter. In der Südstraße wohnt Bele, denkt er. Südstraße wie Nordstraße, Hausnummer 10. Jasper kennt den kürzesten Weg. Und als er an einem Stand mit silbernen Anstecknadeln vorbeikommt, sucht er kurz entschlossen ein Flusspferd aus, kauft es, weil es am nettesten guckt.

Dann geht er weiter, noch um zwei Ecken herum. Sein Herz schlägt ihm bis zum Hals und seine Knie sind weich. Jasper sucht nach dem richtigen Klingelknopf. Soll er es wirklich wagen?

Sein Finger ist schneller als sein Kopf. Durch das halb offene Fenster der Parterrewohnung hört er das Klingeln, dann tut sich einen Augenblick nichts. Vielleicht, denkt er, sollte er weglaufen, so schnell er kann, und außerdem fällt ihm wahrscheinlich sowieso kein einziges Wort ein …

Der Türöffner summt. Jasper betritt das Treppenhaus, das kühl ist, und dann steht Bele plötzlich vor ihm, lacht nicht und ruft auch nicht nach ihrer Mutter, sondern steht einfach nur da und sagt: „Du?"

Jasper nickt. Er schnappt nach Luft und sieht, dass Bele rot geworden ist, und wahrscheinlich ist er es auch, aber irgendwie macht es ihm nichts.

Bele nimmt ihn bei der Hand, zieht ihn hinter sich her in die Wohnung und er lässt es geschehen. „Meine Mutter ist nicht da", sagt sie, „und meine Oma auch nicht."

Jasper sieht sich um. Ihm fallen die vielen Bücher auf, die überall herumliegen, Berge von alten Zeitungen, ein Computer, der in der Ecke steht, riesige Pflanzen, die bis unter die Decke reichen, und dann die Kerze, die brennt.

„Sie wird gerade operiert", erklärt Bele, die anscheinend gemerkt hat, wo Jaspers Blick hängen geblieben ist. „Wir stellen immer eine Kerze auf, damit alles klappt."

Jasper sieht Bele an. „Deine Mutter?", fragt er, obwohl er eigentlich längst weiß, dass niemand anderes gemeint sein kann.

Bele zuckt mit den Achseln. „Meine Oma muss gleich wieder hier sein", sagt sie, seufzt und fährt dann fort: „Wenn du willst, zeige ich dir mein Zimmer."

Jasper will. Er folgt Bele durch den langen Flur, guckt sich alles genau an.

Dann kommt Beles Oma mit Kuchen und sie sitzen zu dritt da, trinken Saft und als Jasper mal muss, geht Bele mit ihm bis zur Tür und sagt: „Beeil dich! Dann kannst du gleich auf den Kran."

– Leseprobe –

Jasper erledigt, was sich kaum noch aufhalten lässt, und staunt nicht schlecht, als Bele ihm schließlich den Hebekran zeigt, mit dessen Hilfe ihre Mutter in die Badewanne gehievt werden kann.

Jasper zögert, traut sich nicht Platz zu nehmen darin, aber Bele macht es ihm vor und sie wechseln sich ab, lassen sich hoch und wieder runter, sind irgendwann Seeleute in Not, die auf einer kleinen Bohrinsel stehen und nur über einen Hubschrauber, der ein Seil zu ihnen hinunterlässt, überhaupt in Sicherheit gebracht werden können. Bele schwitzt und lacht und Jasper ist schließlich der Hubschrauberpilot, der sein Leben einsetzt für sie. Dann endlich sind sie gerettet.

Beles Oma bringt ihnen Kekse, sie verkriechen sich in Beles Hängematte, Jasper fühlt ihren Arm an seinem, sieht ihr Gesicht, das ganz nah ist und schön.

„Glaubst du, sie kann irgendwann wieder laufen?"

Bele legt den Kopf zurück und ihre Augen sind für einen Moment irgendwo in die Ferne gerichtet. „Die Ärzte sagen, dass es wahrscheinlich nichts wird", erklärt sie. „Aber ich glaube es trotzdem." Kurz lacht sie und fügt fast beschwörend hinzu: „Sie schafft es – und wenn nicht, wird es auch irgendwie gehen."

Jasper sagt nichts, guckt Bele nur an.

„Verrückt", sagt sie nach einer Weile, „dass du ausgerechnet heute gekommen bist. Dabei hast du doch gar nichts gewusst."

– Leseprobe –

„Nein", sagt Jasper, „woher auch? Wo du mit meiner Schwester doch nicht mehr sprichst." Auf einmal muss er grinsen, genau wie Bele, die ihn vorsichtig mit ihrem Arm anstößt und dann sagt: „Ich hätte nicht gedacht, dass du dich das traust."

„Ooch", macht Jasper. Er holt tief Luft, zieht dann das kleine Päckchen aus seiner Hosentasche und drückt es Bele in die Hand. „Das habe ich dir mitgebracht." Auf einmal wird ihm heiß und kalt.

„Danke", sagt Bele, die ziemlich rot geworden ist, und packt das kleine Flusspferd aus, steckt es sich an.

Eine Weile ist es ganz still und Jasper wagt fast nicht mehr, auf ihre dunklen Augen zu gucken, auf die Sommersprossen, die zum Greifen nah sind, und auf den Mund, der schon wieder lacht. „Tja", sagt er und erhebt sich nun langsam, obwohl er eigentlich noch Stunden bleiben könnte. „Ich muss dann mal gehen."

Bele bringt ihn durch den Flur bis zur Tür, Jasper verabschiedet sich noch von ihrer Oma, dann steht er im Treppenhaus und Bele hält ihn einen Augenblick fest. „Kommst du mal wieder?", fragt sie.

„Soll ich?"

Bele nickt. Sie hält immer noch seine Hand, plötzlich lächelt sie, ihr Gesicht ist ganz nah und er fühlt ihre Lippen auf seinen, nur kurz.

Jasper schluckt. Er schafft noch ein Lächeln, murmelt: „Bis bald", dann saust er davon.

– Leseprobe –

Wie er wieder auf die Straße gekommen ist, weiß er selbst nicht, aber er merkt, dass er geht, dass er zwischendurch läuft und fast abhebt dabei. Alles ist anders, die ganze Welt ist so leicht und fühlt sich gut an und Jasper hat gar nicht gewusst, dass es das gibt. Bele ist nett, sie ist das netteste Mädchen, das er sich überhaupt vorstellen kann, und ausgerechnet sie hat ihn geküsst. Ihre Lippen haben seine berührt und schmeckten weich und so gut wie sonst nichts. Und morgen oder übermorgen geht er vielleicht wieder zu ihr und erzählt es wahrscheinlich auch seinem Freund Ben, der ihm das Ganze hoffentlich glaubt und nicht gleich anfängt, irgendwelche Witze zu reißen wie Pille und Jan. Wenn die beiden wüssten, wie gut sich so ein Kuss anfühlt, würden sie es vielleicht auch wagen, würden zu einem Mädchen hingehen, das sie nett finden, und ihm ein Geschenk überreichen.

Jasper atmet tief durch, dreht noch eine Ehrenrunde um den Block, weil er sich irgendwie wieder beruhigen muss, aber als er nach Hause kommt, fragt Marie ihn gleich: „Was machst du denn für ein Gesicht? Hast du einen Hauptgewinn beim Preisausschreiben gewonnen?"

Jasper grinst. „So ähnlich", sagt er, holt tief Luft und fügt schnell noch hinzu: „Jedenfalls soll es mir ganz egal sein, mit wem du Krach hast und mit wem nicht."

Marie versteht natürlich nur Bahnhof, was Jasper aber nicht stört. Er geht in sein Zimmer, dreht kurz mal seine neue Lieblingsmusik auf, dreht sie wieder leiser, als Mama kommt und sich beschwert, weil ihr, wie sie behauptet, fast die Ohren abfallen.

Jasper nimmt Rücksicht. Und er ist freundlich und nett zu allen, weil es ihm selbst gut geht, weil er nicht aufhören kann an Bele zu denken, an ihre Lippen und den Kuss und die Hubschrauber-Rettungsaktion. Morgen ruft er sie vielleicht an oder geht zu ihr hin und fragt, ob es mit der Operation ihrer Mutter geklappt hat.

Der Platz neben Jasper bleibt am nächsten Tag leer. Jasper ist enttäuscht. So gern hätte er Ben von allem erzählt, denn erstens kann er einfach nicht vergessen, was mit ihm und Bele passiert ist, und zweitens ist Ben sein bester Freund und hat sozusagen ein Anrecht darauf, über alle wichtigen Ereignisse auf dem Laufenden gehalten zu werden.

Der Vormittag wird Jasper lang. Er fragt sich, ob Ben wieder mal Halsschmerzen hat, und kurz geht ihm sogar durch den Kopf, ob er statt Ben eben Jan und Pille über alles aufklären soll. Irgendwann müssen sie es schließlich auch erfahren. Jetzt oder vielleicht doch lieber später?

Jasper läuft zwischen den Tischen und Stühlen umher, muss sich einige Kommentare seiner Freunde gefallen lassen, denen nicht entgeht, dass es ihn an diesem Morgen nirgendwo hält. Aber er erzählt ihnen nichts, ist froh, als der Vormittag endlich vorbei ist und er sich wieder auf den Weg machen kann Richtung Süden, dorthin,

– Leseprobe –

wo irgendwo die Südstraße ist, auch wenn er es sich auf halber Strecke wieder anders überlegt, weil Bele vielleicht sonst denken könnte, er sei übergeschnappt. Besser ruft er noch mal an, in ein paar Tagen oder Wochen vielleicht, wenn ihre Mutter aus dem Krankenhaus zurück ist und sie nicht glauben muss, er komme nur aus Mitleid zu ihr. Mal ganz abgesehen davon, dass sie wahrscheinlich jetzt sowieso unterwegs ist, um ihrer Mutter einen Besuch abzustatten.

Jasper biegt also ab, geht nicht in die Südstraße. Er weiß außerdem gar nicht, ob sie ihn noch mag. Vielleicht ist sie heute Morgen aufgewacht und hat gemerkt, dass sie sich geirrt hat und in Wirklichkeit einen anderen Jungen nett findet, nicht Jasper.

Jasper findet kein anderes Mädchen nett, jedenfalls nicht so wie Bele. Und wenn Ben zu Anna-Lenas Geburtstag gehen will, dann ohne ihn.

– Leseprobe –